「話す・聞く・書く」
伝え方のシン・常識

半分にして話そう

テレビ東京　解説キャスター
山川龍雄

日経BP

「話す・聞く・書く」伝え方のシン・常識

半分にして話そう

はじめに

まず読者のみなさんにいくつか質問です。

外を歩いていて、突然知らない人に道順を聞かれたとします。その際、どう説明しますか。「3つめの角を右に曲がって、それから2つめの角を左に曲がって…」と話を始めますか。もしそうだとしたら、あなたは親切な人かもしれませんが、話が上手な人とは言えません。

2つめの質問です。海外旅行から帰ってきたあなたが、友人に「現地の物価はどうだった？」と感想を聞かれた時、どう答えますか。「いやあ、ものすごく高かったよ」と返答しますか。そうだとしたら、あなたは真面目な人かもしれませんが、退屈な人と思われている可能性があります。

そして最後。あなたが自己紹介を求められたとします。「周囲からはどのような人だと言われますか？」と質問されたら、どう答えますか。「3つあります」と言って、一つずつ話していきますか。そうだとしたら、あなたはとても頭が整理されている人かもしれませんが、空気を読めない人かもしれません。

いずれも答えは本編で述べていますが、ここではヒントだけ言います。1つめは「話を各論から始めてしまう人」。2つめは「話を丸めてしまう人」。3つめは「話の長い人」の典型です。そして、こうした話し方をしがちな人は、テレビや雑誌、ネットなどのメディアでは、敬遠されます。

メディアに限らず、人は話を最後まで聞いてくれないものです。だから、自分が思っていることの半分にするくらいでちょうどいい。ただし、その場合、どこを残しどこを切るか、の工夫は必要になります。

私は経済誌「日経ビジネス」の編集長を務めるなど、雑誌、新聞の編集を経験した後、10年前からテレビの仕事に軸足を移しました。現在はテレビ東京「ワールドビジネスサテライト（ＷＢＳ）の解説者や、ＢＳテレ東「日経ニュースプラス９」、「日経プラス９サタデー ニュースの疑問」のキャスターを務めています。

その間、日経ビジネス・デジタル版の立ち上げやテレ東の報道コンテンツを配信する「テレ東ＢＩＺ」の編集長を務めるなど、電子媒体にも携わってきました。最近はラジオ番組でもニュース解説を務めるようになりました。かれこれ30年あまり、様々なメディアに所属しながら、少しでも多くの読者や視聴者に見てもらうには、どんな発信の仕方が効果的なのか、研究を続けてきました。

「話す」「聞く」「書く」というコミュニケーション力が、視聴率、実売率、ユニークユーザー数、といった数字でシビアに示されるのがメディアの世界です。特にテレビでは、「短く」「印象的に」「分かりやすく」伝える技術が究極的に求められており、それは商談や打ち合わせ、プレゼンテーションなど、ビジネス現場でも必要とされるスキルと言っていいでしょう。

それに、長年、数字とにらめっこしていると、視聴者や読者が求める伝え方の理想形が変化していることも分かります。特にＳＮＳや生成ＡＩ（人工知能）の広がりによって、コミュニケーションの在り方は大きく変わろうとしています。本書では私がメディアに携わる中で発見した伝え方のシン・常識をお伝えします。あえてカタカナの「シン」を使わせていただいたのは、「新」「真」「芯」など様々な意味を込めたからです。

先にお断りしておきますが、私は伝え方の達人と呼べるような存在ではありません。特にテレビについてはいまだ素人同然で、日々、新しい課題に直面しています。そんな私が失敗と反省を重ねながら得た教訓を紹介するというのが、本書の趣旨です。それがみなさんのコミュニケーションに関する悩みを解消する一助になれば幸いです。

本書は、担当編集者とメディアにおける「伝え方」について議論した内容をQ&A形式にまとめたものです。伝え方に関連した書籍と言えば、「お勉強」という体裁のものが多いですが、本書はもっと気楽に、メディアの舞台裏を覗き見るような気持ちで、読み進めていただきたいと思っています。一読すれば、自然とコミュニケーション力が向上する、そんな効用のある本を目指して編集しました。

「話す」「聞く」「書く」という行為は、公私いずれの場面でも求められるスキルです。最新の伝え方の常識を知っておくことが、就活、恋愛、昇進、結婚、転職など、人生の節目を成功に導き、幸運をつかむための大きな武器となるでしょう。

始まりから長くなってしまいました。本書の中でも、「前置きは短く」と言っておきながら、自分が守れないようではいけませんね。では本編をスタートしましょう。

目次

第 1 章

Live

あなたが
生放送に呼ばれたら

台本は伏せなさい

Q 山川さん、テレビ出演が決まった人に、1つだけアドバイスをするとしたら、何と声をかけますか。

A うーん、そうですね。「台本は伏せてください」でしょうか。

Q えっ、せっかく用意してもらった台本を見るな、ということですか。

A はい。私はおよそ10年前から報道番組に出演するようになりましたが、最初に仕事の「イロハ」を教わったのが、ワールドビジネスサテライト（WBS）などのキャスターを歴任した小谷真生子さんです。BSテレ東の報道番組で相方のキャスターを務めました。その小谷さんの得意技は、ゲストから台本を取り上げることでした。

Q 台本を取り上げる？

A そう。報道番組ですから、企業経営者や大学教授などがゲストとして出演することが多かったのですが、放送開始の直前にいきなり台本を取り上げるのです。あるいは、問答無用で台本を伏せさせる。

Q 相手はエライ人たちなのに、そんなことはお構いなしに？

A はい。みなさん動揺しますよ。だって、この質問にはこう答えようと、台本に書き込んでいる人が多いですから。特に経営者の場合、広報担当者と擦り合わせたうえで、「この質問には、こう答えてください」とメモを渡されていることが多い。小谷さんが台本を伏せさせた瞬間、スタジオで見ている広報担当者の表情が凍り付きます。

Q それはそうでしょう。広報担当者はその日のために、すごいエネルギーを費やして準備してきたのでしょうから。それで、台本を伏せた後はどうなるのですか。

A これが不思議なことにうまくいくのです。小谷さんとの会話が弾む。台本に目を落とさない分だけ、話が予定調和になりません。それに「目は口ほどにものを言う」という格言があるじゃないですか。台本に目を落としながら話すよりも、はるかに自信を持って話しているように画面上は映ります。

Q ゲストのみなさんは、言葉に詰まったりしないのですか。

A しません。だって、企業の社長をお招きしているということは、その会社のことを聞こうとしているし、大学教授を呼んでいるということは専門分野のことを尋ねようとしているわけです。質問するキャスターよりも、はるかにたくさんの情報量を持っているのですから、質問に答えられないはずがない。

Q そう言われればそうですね。とはいえ、広報担当者としては、社長の失言が怖いので、用意した模範解答を読んでほしい、という気持ちもあるのでは。

A その心配は分かります。しかし、「失言をしないこと」を優先してテレビに出演するのだったら、何のために出ているのか分かりません。出演すると決めたからには、視聴者に何かを発信しようという目的があるはずです。それなら、台本やカンペは読まない方がいい。真っすぐに司会者やカメラを向いて話した方が、はるかに思いは伝わります。

カンペ通りに読む政治家たち

Q 政治家の国会答弁でも、官僚が用意した答弁を一言一句違わずに、読む人がいます。確かにあれでは、国民に気持ちが伝わらない気がします。

A これも失言しないことを優先しているからでしょう。そうしたタイプの政治家が、官僚から重宝がられる傾向はあります。振付通りに動いてくれるので安心だし、余計なことを話して自分たちが後始末に追われる事態も避けられます。これはメディアにも責任の一端があるかもしれません。すぐに政治家の失言を切り取って、問題にする傾向がありますから。

Q 確かに発言の前後をよく聞いてみると、そこまでひどい失言ではなかったということもあります。

A その意味では、メディアが政治家を委縮させていることは否めません。とはいえ、さすがに一言一句、官僚が用意したカンペを読み上げるのはどうかと思います。しかも、国会答弁などを見ていると、何度質問されても同じ発言しかしない。

Q さすがにこれでは国民には気持ちが伝わってきません。

A 現にそうしたタイプの政治家は、テレビでも、視聴率が取れません。テレビによく呼ばれる政治家は、自分の言葉で話す人です。もっとも、官僚答弁を繰り返す人にとっては、そんなことは二の次なのかもしれません。現に失言をせず、

Q 鉄壁の防御を誇る政治家の方が、生き残って権力の座に就くことは多いです。なるほど、それは会社組織でも共通するところがありますね。ところで山川さんも、ゲストの台本を取り上げる？

A いや、さすがに私には小谷さんのような度胸はありません。せいぜいゲストに「下を向かずに、私の方を向いて話してください」と優しくお願いする程度です。

テレビで「3つあります」は禁句

Q テレビの生放送って、我々が想像している常識が、必ずしも通用しないことがあるのですね。他にもそんな事例はありますか。

A プレゼンテーションのコツで「3の法則」というのがあります。「ポイントは3つあります」と言ってから、順番に話し始める手法です。これはビジネスシーンでは聴衆を引き付ける効果的な演出方法とされていますが、テレビの生放送では禁句です。

Q えっ禁句？ なぜですか？

A 生放送は時間との戦いだからです。ゲストが３つと言ってしまった以上、司会者としては３つめまで話を聞かなければなりません。最後まで聞かないと、視聴者がスッキリしないからです。しかし番組が最後に近づいていて時間が押している時に「３つ」と言われた時はつらい。この言葉を聞いた瞬間、実はキャスターは動揺しています。

Q キャスターは顔で笑って、心で泣いている。

A はい。ゲストには聞こえませんが、時間管理をしているタイムキーパーさんはインカムを通して大声をあげています。キャスターとしての要望を言わせてもらえば、ゲストが３つとコメントした場合には、３つめまで一気に簡潔に話してほしい。時間切れになって、３つめまで放送できないと、視聴者からクレームが来ることがあります。あるいは、３つめまで間に合わせようと、キャスターが話を急かすと、今度は視聴者から「ゲストの話に途中で割り込むな」と批判が来てしまうのです。

Q なるほど。生放送の時間管理の難しさがよく分かります。「３つあります」と言えば、すごく頭が整理されているように見えるので、講演やプレゼンで多用する人を目にしますが、使い方によっては、もろ刃の剣ということですね。

A はい。私も時々、講演や大学の講義に呼ばれますが、その時には、このワードを使うことがあります。指を３本立てて「ポイントは３つあります」と言うと、聴講者のみなさんが、不思議とメモを取り始めます。

しかし、テレビ放送のような時間に制限がある場面では避けるのが賢明です。講演の聴講者は、その人の話を聞こうとして集まっているわけですが、テレビの視聴者は不特定多数の集まりで、必ずしもそのゲストの話が聞きたくて番組を見ているとは限りません。

Q　生放送ではなく、収録番組であれば、後で編集できるので、「3つあります」と言っても差し支えないですか。

A　そうですね。ただ、3つを話しても、ほぼ間違いなく編集で短くカットされるでしょう。編集されることで自分の意図と違った形に切り取られるリスクもありますから、言いたいことは1つに絞り込むことをお勧めします。生放送だろうと、収録だろうと、テレビは短めに歯切れよく話すのが基本です。

2分以上話し続ける人は呼ばれない

Q　そうなると、話が長い人はテレビ番組ではやはり……。

A　はい、敬遠されます。1回の質問に対して、2分以上話し続ける人は、やがて呼ばれなくなる傾向があります。テレビのディレクターに重宝されるゲストは「安近短」です。ギャラが安くて、自宅がスタジオから近くて、話が短い。

Q うわー、生々しい話ですね。自宅が近い人が好まれるのは、交通費が安く済むからですね。

A テレビ局が全盛期だった時代に比べれば、どこも世知辛くなっています。番組の中で、ゲストがZｏｏｍなどを使って中継で出演する場面が増えたと思いませんか。中継には番組として2つの利点があります。1つは遠隔地にお住まいだったり、海外出張中だったりする人でも気軽に出演してもらえること。
もう1つはコストの抑制です。わざわざスタジオに来ていただかなくても、これで十分番組が成り立つことに、コロナの経験を経て、各局が気づいたのです。

Q どこの局もシビアになっているのですね。

A 「短」、すなわち時間管理については、NHKはもっと厳しいと思います。民放に比べてリハーサルの回数が多く、残り時間を見ながら話すことが他局の番組よりも多いと聞きます。

テレビ番組は駅伝と似ている

Q ところで先ほどテレビの視聴率の話が出ましたが、「長い話」が数字を落とすことは、客観的に確認できるのですか。

A はっきりと数字に出ます。テレビ局では一般に「分計（ふんけい）」と呼ぶのですけれど、放送した翌朝には、関係者に視聴率の推移を示したグラフがメールで送られてきます。それを見ると、どのシーンで視聴率が落ちて、どこで上がったか一目瞭然です。このグラフを見ていると、1人の人がスタジオで長々と話していると、まず間違いなく、グラフの線は右下へ落ちていきます。

Q 自分のコメントの善し悪しがグラフで示されるというのは、シビアな世界ですね。

A つらいですよ。ここまで偉そうなことを言ってきましたが、私自身がその課題を抱えています。

例えば、私はWBSには解説者として出演していて、普段はニュースに対して3か所、コメントを求められることになっています。持ち時間は1〜2分程度。翌朝、分計を見ると、私のコメントの途中でグラフが急降下していることがあります。こんな時は責任を感じます。

Q 自分が視聴率を落としてしまったから。

A はい。テレビ番組というのは、駅伝みたいなもので、1つのコーナーで視聴率を落とせば、次のコーナーはその視聴率を引き継ぎます。

Q せっかく頑張って良いコンテンツを作っても、前のコンテンツの評価に引きずられてしまうわけですね。

A 駅伝もトップで走っているランナーはテレビ中継で目立つけれど、順位を落としてしまうと、それ以降のランナーはあまり注目されません。テレビも同じで、自分のところで数字を落としたら、後のコーナーを担当している人たちに迷惑をかけます。

Q まさにタスキをつないでいるわけですね。ところで、自分のコメントで数字を落としそうな時は、視聴率が出る前に、なんとなく「今日は手応えがなかった」と分かるものですか。

A 薄々予感している時もあれば、「今日はうまくいった」と思っていたのに、ダメな時もあります。もちろん他局で人気番組が始まって、チャンネルを奪われるといった編成上の都合もありますが、要するに自分が思っているほど、コメントが視聴者の心には刺さっていなかったということです。

自分の話が面白かったか、つまらなかったかグラフ化されるわけですから、テレビって本当に厳しい世界ですよ。

「一言で言えば」の後が一言にならない

Q 話が長い人というのは、もう少し具体的に言うと、どんな人を指すのでしょうか。

A 要点をズバリと言わずに、回りくどい言い方をする人です。前置きや注釈が多くて、主張が読み取れず、周囲をイライラさせてしまう。

Q 意外に自分では気づいていないことも多いですよね。

A 「一言で言えば」と言って、その後が一言にならない人がよくいます。一言と言っているのですから、ワンフレーズで決めてもらいたいですね。他にも、「要するに」と言って、その後、要約した話をしない人や、「実は」と言って、その後に月並みな話をする人。

Q いますねー。「要するに」や「実は」が口癖になっている人が。

A テレビに出演したら、途中で切りやすく話すというのもコツです。最初から全部を言おうとせずに、最初に言いたいことを30秒程度で話して、少しだけ間を空ける。もう1回司会者から質問が来たら、また話すくらいのテンポがちょうどいい。ゲストの中でも、途中で話を切りにくい人がいます。

Q マル（句点）がない人ですね。

A そう。言葉の境目がなくて、すぐに次の話に移ってしまう。抑揚がなくて、どこで終わるか分かりづらいので、司会者としては割り込みにくい。無理に割って入ると、視聴者から、「お前は途中で遮るな」とお叱りを受けてしまう。

Q 長い話にうんざりしている視聴者もいれば、その人の話を聞きたい人もいる。どちらを優先しても、批判が待っているのですね。こんな時はどうするのですか。

A その場の空気で判断するしかありません。とはいえ、さすがに話が長すぎる場合には、間に割って入ることが多いです。

キャスターは、複数のゲストが来ている時には、バランスよく話してもらうことを心がけています。1人のゲストの話が長いばかりに他のゲストが不満を抱くのは避けたい。現実問題として、「あの人が一緒に出るなら、自分は出ない」といった組み合わせはたくさんあります。

Q いわゆる共演NGですね。

A あれはドラマの俳優さんの世界だけに限りません。報道番組に出演する専門家同士でも、相性の善し悪しはあります。その場合も、一番敬遠されるのは話が長い人です。

Q 自分が話す時間を奪われてしまうから。

A それに生放送はテンポの良さが求められます。1人が長く話すと、とたんにテンポが悪くなってしまいます。

Q 文章も同じですね。あまり1つの文が長いと、リズムが悪くなってしまいます。

A 文章は、1つのパラグラフの中でも、最初の1文は短めにして、次はもう少し長く、次はさらにもう少し長くするとリズムが良くなります。話も、司会者とゲストの質疑が3往復あるとすれば、最初の質問には短く返すとリズムが生まれます。

Q 言われてみれば、トーク番組を見ていて、最初にゲストが長々と話し始めると、ちょっとうんざりしますね。

A 番組ではオープニングトークとして最初にゲストの紹介もかねて軽く振る時がありますが、これには短く返してほしい。テレビ出演に慣れている人は、最初のオープニングトークはおおむね短く返します。慣れていない人は、最初から全力疾走します。

Q 後に取っておいてほしい内容まで一気に話してしまうのですね。

A そうです。それに複数のゲストをお招きしている時に、トップバッターが長く話すと、次の人も長く話してしまう傾向があります。みなさん「このままでは自分の話す時間がなくなってしまう」と焦るのですね。

そんな予感がする時は、あらかじめ打ち合わせの段階で「最初の質問についてては短く答えてください」とお願いしておきます。

第2章

Life

伝え方は人生を劇的に変える

上司より長く話す人は出世しない

Q ここまでテレビのことを中心に聞いてきましたが、話が長い人が敬遠されるというのは、公私を問わず、あらゆるシーンに共通しますね。

A はい。私は上司よりも長く話す人で、後に出世した人をあまり見たことがありません。中には例外がありますが、それは会社人生の中でよほど寛大な上司に恵まれた幸せな人でしょう。

Q 確かに。普通は上司の話をじっと聞いている時間の方が長い。

A 多くの人は自分のことを理解してもらいたい。自分がやったことは評価してもらいたいし、失敗については弁解したい。だから、どうしても自分のことを話しがちになります。しかし大抵の場合、ナルシストタイプの「かまってちゃん」は組織の中では敬遠されます。忙しい上司は部下の言い訳や自己評価を聞きたいわけではありません。

Q プライベートでも、ダラダラと身の上話を続ける人がいます。

A 飲み会の席で4人集まれば、1人はそんなタイプではないでしょうか。話が面白ければよいのですが、大抵は以前に聞いたようなグチを繰り返し聞かされる

ことが多い。しかも日記を読むように順番に話そうとするので、話のオチが見えません。残りの3人の中には、その話を根気よく聞く人もいれば、「また始まったよ」という感じで、スマホをおもむろに取り出す人もいます。

人は最後まで話を聞いてくれない

Q 一応、相づちは打つけれども、聞いたフリをしているわけですね。

A テレビの仕事をするようになってつくづく分かったのは「人は最後まで話を聞いてくれない」ということです。たった1分のコメントでも「つまらない」と思えば、問答無用でチャンネルを変えられてしまう。私はそこから悟りました。普段の会話でも、面白くなければ、相手は聞いたフリをしているのだろうなと。

Q そもそも論ですけど、人はなぜ最後まで話を聞かないのでしょう。昔に比べてどんどんその傾向が強まっているようにも感じます。

A そうですね。最近は「タイパ（タイムパフォーマンスの略）」という言葉もあるように、時間を効率的に使おうとする考え方が強まっています。ＹｏｕＴｕｂｅやＴｉｋＴｏｋのショート動画が典型ですが、面白くなければ、２～３秒で次のコンテンツに飛び移ってしまう。

Q 私もコンテンツを作っている側にいるので、あれを電車で隣に座っている人がやると悲しくなります。「これはいらない、これもいらない」と一瞬でコンテンツが切り捨てられているような気がするのです。

A 作る側としては、切ない心境になりますね。やはりスマホの浸透が大きいと思います。コンテンツが溢れているので、「お前に代わるコンテンツはいくらでもある」みたいな感覚が広がっています。

かく言う私も、ＹｏｕＴｕｂｅなどを見ている時は、指でスライドしてコンテンツを切り替えています。自分も見る側に立てばそうなのだから、テレビで自分の話を１分も聞いてくれないと嘆くのは、贅沢なのかもしれません。

伝える力は一生求められる

Q ここまで聞いていると、話が長くて、人生において得することはなさそうです。

A まさに私がこの本で言いたかったのはその点です。仕事にしろ、プライベートにしろ、その土台はコミュニケーションで成り立っています。そして、もしあなたが、要領を得ない話を続けるタイプだとすれば、人生でかなり損をすると肝に銘じた方がいい。伝える力の有無で人生は大きく変わります。そして、後の章で詳しく説明しますが、聞くスキルや書くスキルが不足している人も同様に損をします。

Q コミュニケーション力というのは、公私問わず、一生ついて回るものですからね。

A 人生を劇的に変えるツールと言っていいでしょう。日本人の中で大学を卒業して定年を迎えるまで同じ会社に勤める人の割合は男性でおよそ3割、女性は6

%というデータがあります。つまり多くの人は定年までに職場を変えています。

そして、会社の中でのみ通用する専門性やスキルを磨いても、別の会社で通用するかどうかは分かりません。その点、コミュニケーション力は、どこに行っても求められます。伝え方は、生涯において求められるスキルと言っていいでしょう。

Q だとすれば、できるだけ人生の早いうちに修正できるところは、直した方がいいですね。

A 早ければ早いほどいい。それだけ人生の時間が残されているわけですから。それに年齢を重ねるほど、一度染みついた自分のスタイルを崩すのは容易ではありません。

Q 自分のコミュニケーションについて初めて悩むタイミングが、就職活動の時期ですよね。面接をいくら受けても、内定をもらえず、思い悩む人が続出します。

A 多くの人が、学生と社会人の違いを明確に認識できていません。

学生時代までは、基本的には気の合う相手とだけ付き合えばよかった。周囲にいるのは、話が長くても根気よく聞いてくれる両親や兄弟、親友、学校の先生など。だから、自分のコミュニケーションに問題があっても、気にせずに済みました。ところが、就活になると、状況は一変します。面接官は、多くの応募者の中から、有望な人を選別するために、あなたの話を聞いている。

就活のモヤモヤ「評価基準が見えない」

Q 表向きは、笑顔で話を聞いてくれているように見えても、実際は品定めをしているわけですね。

A そして何度も不合格通知をもらってしまう。就活のつらいところは、合否の判定の理由がはっきりしないことです。

学生時代までは、テストの点数で明確に評価されました。ある意味、公明正大です。ところが面接は、評価の基準がよく分かりません。不合格通知をもらった学生の多くが「なぜ自分が？」と考え込んでしまう。

Q 一次審査を通過して面接までたどり着いたわけですから、おそらく落とされた理由の1つは面接での受け答えにあったのでしょうが、具体的にどこに問題があったか分からない。

A 面接官から「ご縁がありましたら、また一緒に仕事しましょう」などと、あいまいな表現で不合格を言い渡される。これではモヤモヤが膨らむ一方です。自分のどこを直せばいいのか分からない。特にこれまで自分の話を根気よく聞いてくれる人に囲まれていた人ほど、自分の課題を客観的に見ることができません。

Q 新入社員も同じです。いくら学歴が高くて、入社試験の結果が良くても、会社に入ると、別の基準で評価される。

A 「こんなはずではなかった」と思い悩む人が出てきます。人は得てして自己評価は高い。しかし社会人になれば、評価するのは自分ではなく、上司や顧客です。そして上司は選べません。

Q 運悪く、ひどい上司のもとで仕事することになったら、思い悩みます。異動願を出したり、どうしても我慢できない人は転職したりするのも選択肢でしょう。

A しかし、先ほども申し上げた通り、コミュニケーション力はどんな組織に所属しても求められます。職場を変えたところで根本的に解決するわけではありません。

素質でなく経験がモノを言う

Q そうは言っても、コミュニケーションが苦手な人にとっては、人との会話は極力、減らしたい。自分の話し方に自信がない人が自信を持つには、どうすればいいのでしょうか。

A みなさん、コミュニケーション力というのを根本的に誤解しているような気がします。コミュニケーションが優れている人というのを、何事も自信満々で冗舌に話す人というイメージで見ていないでしょうか。その結果、「自分にはできない」と思い込んでしまっているように思います。

Q 違うのですか。

A 私が「話が長い人はテレビ番組では呼ばれなくなる」「上司よりも長く話す人で出世した人はほとんどいない」と言ったことを思い出してください。何事も冗舌に話す人が、コミュニケーションの達人とは限りません。普段は寡黙な人や朴訥な話し方をする人であっても、周囲から好感を持たれ、仕事で結果を残す人はたくさんいます。就活だって、どんな質問にも「立て板に水」のごとくスラスラと回答する人が採用されているとは限りません。

その意味では、コミュニケーション力は生まれ持った素質で決まるものではなく、経験で培っていくものです。むしろ、自分で勝手に苦手意識を持ってしまい、経験値を積まないことが問題なのです。

Q　会話を避けようとするから、余計にコミュニケーション力が身に付かない。

A　そうです。人と接する時間が減ると、会話力を磨く機会を失います。経験値が不足すると、さらに自信を失い、会話を避けるようになります。会話から逃げることが、自分をますます追い込んでいくのです。

自信がないのはみな同じ

Q　しかしそれでも「自分の話はつまらないのではないか」「会話が途中で途切れたらどうしよう」と不安が募ってしまいます。

A　そうですね。でも不安があるのは当たり前です。コミュニケーションは経験がモノを言うわけですから、特に若いうちは不安を抱えているのが普通なのです。

周囲も同じ悩みを抱えている者同士だとしたら、早くその「逃げ癖」から脱却し、会話を繰り返すことで経験を積んだ方が得だと思いませんか。その意味では、会話をするのに、自信など持つ必要はないのです。

Q 苦手意識があるわけではないけれど、面倒臭いから、会話を避けるという人もいます。その場合は？

A そうですね。知らない人と話すのはストレスを伴います。できれば面倒なストレスは抱え込みたくない。

最近はＳＮＳやメールが普及したことで、対面で会話しなくても、コミュニケーションをとることができるようになりました。しかし、だからと言って、対面での会話を避けるのはとても危険なことです。

Q 危険？ なぜですか。

A 後の章で詳しく説明しますが、話すという行為のうち、言語情報で相手に伝わっているのはごく一部に過ぎません。実際には表情やしぐさ、声色など五感を通じて、相手には伝わっています。ＳＮＳなどに依存し過ぎると、五感を使った伝え方が身に付きません。ＳＮＳのやり取りが通用するのは、人生においてごく一部に限られていると思った方がいい。

Q やはり対面でのコミュニケーション力を身に付けない限り、仕事もプライベートもうまくいかない？

A そうです。苦手意識がある人も、面倒臭いと思っている人も、一念発起して、自分の伝える力を磨くことをお勧めします。コミュニケーションの問題で、仕事だけでなく、友達付き合いや恋愛もうまくいかないとしたら、不幸なことです。

上手な人の真似をする

Q 山川さんの話を聞いて、伝える力を磨くことが、いかに優先順位が高いかが分かってきました。

A 不思議なことに、音楽やスポーツであれば、練習を積むのに、伝え方については、これといった勉強も訓練もしません。これは人生における大切さの優先順位から言っても、道理に合わないと思います。

Q 確かに、音楽であれば、憧れのアーティストの演奏を、スポーツであれば、好きな選手のプレーを見て、真似ようとします。それに比べると、伝え方はこれといった練習をしませんね。

A テレビを見ていて「話がうまい」と思う出演者や、会社の尊敬する上司や先輩などの話し方を研究するだけでも、気づきがあります。しかし意外にそれをやったことがある人は少ない。

話し方だけでなく、聞き方や書き方もそうです。時間に余裕がある時に、ぜひやってみてください。これまで訓練をしていなかったということは、それだけ改善の余地があるということです。

第3章

Simple
話を短くするコツ

長く話す人はテレビのリモコンと同じ

Q

伝えるスキルが大事なことは分かりました。そして、長い話をダラダラとする人が、人生において損をすることもよく分かりました。とはいえ、急に短くしろと言われても、なかなか変われるものではありません。どうしたら改善できますか。

A

まず意識を変えることです。「全部を話そうとするほど、自分が伝えたいことは相手に伝わらない」と肝に銘じることです。言いたいことが埋没してしまう。テレビのリモコンと同じです。

Q え、リモコン？

A 日本のテレビのリモコンは、たくさんのボタンが付いています。あれは日本企業のモノづくりの弱点を象徴しています。開発段階で「あれもこれも必要だ」という意見が出て、次々と機能を追加する一方で、「これは不要じゃないか」とは誰も言わない。後でユーザーから要望や不満が出た時に責任を取りたくないからです。

その結果、ボタンの数が増えていく。でも、テレビを見る時にそれほどたくさんのボタンを押すでしょうか。日常的によく使うのは、せいぜい5つくらいでしょう。結局、コストをかけてボタンの数を増やすことで、いつも使うボタンの場所を分かりにくくしているのです。

Q なるほど。会話も同じで、たくさん言えば言うほど、一番伝えたいことが埋没して、相手には伝わらなくなってしまう。

A そうです。長く話す人は、何かを伝えたくて話しているわけでしょう。ところが、現実は意に反して、長く話すほど相手には伝わっていない。まずはそのことを自覚すべきです。

Q 相手が分かってくれないだろうと思うから、説明を加えたくなるのですが、かえってそれが話を分かりにくくしている。

A 例えば、サービスセンターなどに、感情的になって長々とクレームをつける人がいますが、窓口担当者は相手の身の上話までは聞いていません。一応、聞いているフリはしますが、本当に知りたいのは、クレームの内容であって、感情的な言葉ではありません。

コメントを半分にすると伝わる

Q 結局、ダラダラと長く話す人ほど、相手から適切な対応をしてもらえないわけですね。

A かく言う私も、テレビの仕事をして初めて、「長い話は聞いてもらえない」という現実に気づきました。

WBSに解説者として出演していると、時々、時間が押して、2分間で話すはずだったコメントを半分に縮めなければならないような事態に直面します。最初はこんな時、胸の内では「1分じゃ、自分が話したいことは伝わらない」と落胆していました。

Q なるほど。普通はそう考えますよね。

A ところが現実は違った。むしろ半分に縮めた方が、視聴者の評判が良いことに気づきました。半分に削ぐために言いたいことだけに絞り込んだので、ストレートに思いが伝わりやすく、視聴率が落ちなかったのです。

Q むしろ伝えたいことがはっきりした。

A おそらくたくさんの時間を与えられた時ほど、いらないリモコンのボタンのように、誰も求めていない要素を詰め込んでしまうのでしょう。

例えば、無意識のうちに自分の発言が間違った時のために保険をかけようとして、「私はこう思いますが、ある人はこう言っています」などと両論併記してしまう。あるいは「です」と言い切ればいいところを「だと思います」とか「という可能性があります」などと、あいまいさを残そうとする。

Q　そうすると、伝えたいことまでぼんやりしてくる。

A　そうです。生放送中に「コメント時間を半分にしてほしい」と言われたら、それほど考える余裕はありません。とっさに冗長なところ、どちらでもいいところを削除します。それがむしろ歯切れの良さにつながったのでしょう。

　自分としてはバランスを取るために必要だと考えていた言い回しだったけれど、急場しのぎのために削ったら、むしろ視聴者にとっては、そのくらいがちょうど心地よかったのです。

Q　ということは、「話す時間を短くしてほしい」と言われた時には、むしろ積極的に受け入れた方がいい？

A はい。WBSでそうした経験をして以来、生放送中に時間が押して、スタッフが困った顔をしている時には、私の方から「今日のコメント、半分にできるよ」とか「この部分のコメント、カットしようか」などと、声をかけるようにしています。

Q それはスタッフからも感謝されそうです。しかし、山川さんでもそうした経験を持つということは、多くの人は自分が思っている以上に話が冗長的になっているということでしょう。

「禅」がジョブズ氏のプレゼンの極意

A プレゼンテーションの達人と言えば、思い浮かぶのが、米アップルの創業者である故スティーブ・ジョブズ氏です。彼のプレゼン力の秘密はいろんな角度から解き明かされていますが、私は「削ぐ」ことにあると思っています。

ジョブズ氏は禅に影響を受けたことで知られますが、禅という漢字は、「しめすへん」に単純の「単」と書きます。つまり複雑なものをシンプルに捉え直すのが禅の極意です。

Q 確かにアップル製品のデザインは余計なものを極限まで削ぐからこそ、機能的で美しい。

A プレゼンも同じです。ムダな要素を削いで、重要なことだけを話す。ジョブズ氏の話す言葉やスライドはとてもシンプルです。ごちゃごちゃと詰め込むことはせず、むしろ重要なフレーズは繰り返します。

Q 「あれもこれも」と欲張ってはいけないということですね。言葉を追加するよりも、削ぐことにこそ、ジョブズ氏の真骨頂がある。

A 沈黙を効果的に使うのも特徴です。「実は」「そしてもう1つ」と言ってから、少しだけ間をおくことで、聴衆の注意を喚起する。そしてとっておきの新商品や新機能を紹介する。

Q 聴衆をあっと言わせる瞬間を意図的に用意しているわけですね。

A そう。人々の記憶に残るフレーズを創り出すのに長けていました。しょせん聞く人は、一言一句をすべて覚えているわけではありません。時間が経てば、いくつかのフレーズしか記憶に残らないことをジョブズ氏はよく分かっていました。

Q 例えばどんなフレーズですか。

A ｉＰｏｄが誕生した時、ジョブズ氏は「ポケットに１０００曲の歌を入れて持ち歩いているようなものだ」と表現しました。私もその一人でしたが、聴衆はこの瞬間、自分がｉＰｏｄを持ち歩いて、好きな音楽を聴いているシーンを想像しました。時間が経っても人々の記憶に残るのは、そんな印象的なフレーズだけです。

Q 我々はどうしても「最初から順番に話さないと、相手は理解してくれないだろう」と思いがちですが、そんな必要はないのですね。

前置きは要らない

A はい。そもそも第2章でお話しした通り、人は最後まで話を聞いてくれません。時系列で順番に話しても、興味が湧かない話は、途中から聞いていないのです。だったら、言いたいことを絞ってズバッと言った方がいい。テレビのコメントで良くないのは、前置きが長いこと。いつまで経っても本題に入ろうとしない人は向いていません。

Q 確かに回りくどいと、聞いていてストレスを感じます。

A 自分では、最初に前提を話さないと、視聴者は理解できない、もしくは誤解を与えてしまうと思っている。普段から論理的に物事を考えている人ほど、自分なりに組み立てた構成にこだわる傾向があります。しかし前置きが長いと、視聴者はイライラしますから、余計にその人の話が頭に入ってこないのです。

Q そうですね、相手の話を聞いていて、どこかで引っかかるところがあると、それ以降の話が入ってきません。

A だからこそ、順番に話すのではなく、前提をある程度飛ばしてでも、本題に切り込んだ方がいい。視聴者が記憶に残るようなフレーズを早く口にした方が得です。心配しなくても、言葉を端折りすぎて分かりにくければ、キャスターが聞き返します。その時に答えればいい。

Q そこで質問が来なかったらと思うと、ちょっと怖いですね。

A 仮に質問が来なかったら、ワンフレーズでも思いは十分伝わったということでしょう。あるいは、残念ながら、興味を引く話ではなかったということです。その場合は、潔く諦めてください。

Q 工夫してみたけれど、自分が思っていたほど、周囲に刺さるフレーズではなかったと。

A そうです。一番やってはいけないのは、話を引き戻すことです。既にトークが次の話題に移っていて、それに関してコメントを求められているのに、「その前に先ほどの話で一言申し上げたいのですが」と言って、進行を引き戻す人がいます。これはやめた方がいい。実はこれを生放送でやると番組のスタッフを敵に回します。想定していた進行の目算が狂いますから。

空気を読んで話を短くする

Q なるほど、空気を読まない行動を取っているわけですね。とはいえ、番組側の事情は分かりますが、本人としては、このまま説明不足で終わりたくないという思いは募ります。

A その気持ちは分かります。しかし、あえて話を引き戻してコメントしても、既に視聴者の関心は次に移っています。本人が思うほど、見る人には響いていません。むしろこのゲストは空気を読まない人だという印象だけが残ります。

Q 流れを読まない発言は聞く側に与えるイメージが悪い。

A 普段のスピーチでもよくあるじゃないですか。前の人の話が長くて、もう飽きき飽きとしている時に、自分の番が回ってきたら、どうしますか。それでも準備した通りに話す人と、空気を読んで短めに終わらせる人がいるとしましょう。おそらく拍手喝采を浴びるのは後者でしょう。

Q 確かに「まだスピーチが続くのか」とうんざりしている時に、早めに切り上げてくれると、とても機転が利く人だと、良い印象を持ちます。

A 自分としては準備したものをすべて披露できずに不本意かもしれませんが、その場のヒーローになっていれば、それでいいじゃないですか。スポーツ選手のヒーローインタビューで、観客は冗舌な話を期待しているでしょうか。それよりもワンフレーズで、一緒に盛り上がれる言葉を待っています。

Q そうですね、お立ち台で長々と話す選手は、空気が読めていませんね。

A 自分が話したかったことは、またどこかで披露できます。その機会を待ちましょう。そもそも話は腹八分くらいに抑えておくのがちょうどいいのです。

話は腹八分がちょうどいい

Q　腹八分。聞く側が「まだ聞き足りない」と思うくらいがいい。

A　はい。東京ディズニーランドや、ディスカウントストアのドン・キホーテなどが、まさにそうです。宝探しのようなワクワク感を演出していて、一度、足を踏み入れただけでは、全部を見たという満腹感が湧きません。顧客に「まだ見ていないところがある。もう一度行きたい」と思わせることでリピーターを増やすのが、こうした企業のマーケティング戦略です。

話も同じで、聞く側を腹いっぱいにさせてしまうのは得策ではない。

Q　なるほど、レストランや居酒屋でも同じかもしれませんね。まだ食べてみたいメニューが残っているからこそ、もう一度行きたくなる。話も同じで「この人の話は聞き足りなかった。もう一度、どこかで聞く機会を与えてほしい」と思わせた方が、本人にとって、得なのかもしれません。

第4章

Digital
SNS時代の伝え方

突っ込みどころを残す方が話題になる

Q 伝えるスキルを磨く第一歩は「話を短く」ということですが、テレビ以外の、例えばネットでもそうでしょうか。

A はい、ネットでは旧来のメディア以上に短くすることが重要です。

1つは、短くて心に響くようなワンフレーズの方がSNSでは引用されやすいからです。長い話になると、それを引用する際に、要約する手間がかかってしまいます。できればそのまま使えるフレーズの方がSNSとの親和性は高い。キャッチコピーのような短い表現、大喜利のような当意即妙な切り返し、意外性のあるデータや図表などが、SNSでは拡散される傾向があります。

Q そもそもSNSには字数制限があるものも多いですからね。とはいえ、その分、しっかり説明することが難しい。

A ところが、これは雑誌で育った自分には驚きだったのですが、説明を尽くさずあえて短くコメントして、突っ込みどころが残っていた方が、反響が大きくなる傾向があります。

WBSの放送中は、X(旧ツイッター)などでリアルタイムの書き込みが増えます。私の解説についても、批判・賞賛、両方のコメントが届きます。逆に、全部を語ってスキのないコメントをするほど、反響が小さくなりコメントも来ないのです。

Q 視聴者からすれば、突っ込めるところが少ないと面白みがないのでしょうか。

A はい。これもテレビに出演して気づいたことです。例えば、「自分はこう思うが、こういう見方もある」と両論併記するよりも、「自分はこう思う」と断言する方が書き込みは増えます。

もっともこの場合、「よく言った」と歯切れの良さを賞賛する書き込みもあれば、「今の解説は物事の一面しか見ていない」「勉強不足だ」と批判されることもあります。

Q 賛否両方のコメントが来るわけですね。

A はい。私はそれでいいと思っています。我々の仕事は、良くも悪くも関心を集めてナンボの世界。一番悪いのは、全然書き込みがなくて、反応が薄い時です。

無視より批判の方がいい

Q とはいえ、批判コメントがたくさん来るのは怖くないですか。

A もちろん嫌ですよ。人間誰しも賞賛を受けたい。「いいね！」ボタンをたくさん押してもらいたい。しかし、無視されるのはもっと怖い。

Q 人間関係も、スルーされると、萎えます。

A カップルの関係でよく言うじゃないですか。「ケンカをしているうちが花。言葉を交わさなくなったら、そろそろ危ない」と。

Q 自分が一方的に発信して、相手に何も言わせずに満足しているよりも、突っ込めるところを残して、反応してもらう方がよい、ということですね。

A ええ、テレビ東京では時々、番組が終わった後に「延長戦」と称してライブ配信を行うのですが、私も含めて出演者は、できるだけチャット欄に表示されるコメントを読み上げることを心がけています。我々が反応することでまたチャット欄が盛り上がる。自分が長々と話しているよりも、その方が一体感が生まれます。

Q 確かにライブ配信を見ていると、チャットの方で勝手に盛り上がって、別の議論に発展していくこともあります。

A 一昔前までは、メディアと言えば一方通行で発信するのが主流でしたが、今は双方向の時代。我々の発信の在り方も変化を求められています。

自分の発言をきっかけにして、ネット上で議論が広がっていくことを含めて、世間にどう伝わっていくかを考える必要があります。最近は、あえて短めに話して、聞き手に解釈の余地を与えることも、1つの言論の在り方だと考えるようになりました。

Q 確かに、聞き手は必ずしも山川さんの発言だけでなく、それに対する書き込みも含めて、影響を受けているわけですからね。

A それにコメント欄に我々が知らないような深い話が書き込まれていて、こちらが勉強させられることも多いです。もちろん、ネット上の匿名情報は玉石混交ですが、新たな視点や刺激を与えられることもあります。

自分で言うより周囲を巻き込む

Q 最近は、コメント欄の内容や評価点数が企業のマーケティングにも大きな影響を持つようになりました。公式のリリースより、ユーザーの星の数を見て商品やサービスの購入を決めるユーザーも増えました。

A 同じことが、伝え方にも当てはまります。自分ですべてを言うよりも、周囲を巻き込んでその人たちに言ってもらった方が、説得力が高まります。プレゼンや講演でも上手な人は、聴衆を巻き込みながら、話を展開します。

Q 自説を一方的に展開しても、信用してもらえない世の中になっているのかもしれませんね。

A そう思います。企業でも、特定のコミュニティーにおいて強い影響を与えるインフルエンサーを活用して、消費者の購買行動に影響を与えようとするマーケティングが広がっています。

また、企業が商品やサービスが誕生するに至った背景や、作り手の思いなどを物語形式で訴求することをストーリー・マーケティングと呼びますが、これに代わって、最近はナラティブ・マーケティングという手法が注目を集めています。

Q どういうものですか。

A ストーリーもナラティブも日本語にすると、「物語」となるのですが、少しニュアンスが違います。ストーリーは企業側が発信する物語が最初から存在します。一方、ナラティブは、顧客や生活者とともに物語を展開していき、時間とともに創り上げていくというイメージです。

Q ここでも、企業が物語を一方的に押し付ける印象を払拭したいという意図が見えますね。

A これも話し方のスキルに通じるところがあります。最初から決めていたストーリーを一方的に話しても、周囲は押し付けられたように感じます。それよりも、周囲と合意形成を繰り返しながら、1つの方向に導くような「巻き込み型」の伝え方が、今の時代には合っているように思います。

アルゴリズムに踊らされるな

Q 一方で、SNS時代のコミュニケーションは、ネット上に氾濫している情報に惑わされないという視点も大事です。

A 特にアルゴリズムに踊らされないことです。ＹｏｕＴｕｂｅやＴｉｋＴｏｋが代表的ですが、多くの配信アプリは、見ている本人の視聴履歴から好みや関心を特定し、それに関連したコンテンツを送り続けます。

普段、娯楽として見る分には構いませんが、それが世間の一般的な関心事であると思ったら、判断を誤ります。最悪の場合、陰謀論や詐欺に引っかかってしまいます。

Q エコーチェンバーですね。最近は、政治や選挙、ひいては戦争に至るまで、展開を優位に進めるために、偽情報や誤情報を広げる行為が後を絶ちません。

A ＣｈａｔＧＰＴに代表される生成ＡＩの普及によって、デマ情報を大量に広げることが容易になりました。知らないところで企業や個人が標的にされる懸念が高まっています。

Q その場合、どんな対策が考えられますか。

A　偽情報対策の基本はファクトチェックです。事実に基づいているかどうかを調べ、間違いを正していくことです。

ただそこには限界もあります。そもそも一度拡散した偽情報について、後日間違いを指摘しても、人々の関心をあまり引きません。それにネット社会では、人々は信じたい情報だけを信じる傾向が強く、後で「その情報は間違いだ」と指摘しても、いったん広がった風評を突き崩すことは簡単ではありません。

ナラティブにはナラティブで

Q　そんな場合はどうすればよいのでしょうか。

A　1つ注目されているのが、偽情報が拡散する前にその手口を暴露する「プレバンキング（事前暴露）」という手法です。例えば、ネットバンキング詐欺については、多くの金融機関が「偽画面にご注意ください」と呼びかけています。

プレバンキングは、「情報のワクチン」にも例えられます。

Q つまり、偽情報が出てから対策を取るのではなく、あらかじめ予見される被害については、顧客に免疫を持ってもらい、拡大を防ぐわけですね。

A そうです。ただこれは、あらかじめ予想がつく被害の対策に限られます。そこで、もう1つ、最近注目を集めているのが、先ほど説明したナラティブを使った対策です。

　例えば、企業が風評被害を受けた際、それとは別の、企業や商品の評価を一変させるような物語を形成することが、悪印象の払拭につながります。私はこれを「グーグル検索の1ページ目を変える対策」と呼んでいます。

Q どういうことですか。

A 偽情報による風評被害を受けた時には、グーグルを検索すると1ページ目が、不本意な記事や情報で覆いつくされます。この時、偽情報にいちいち反論しても、さらにそれに関連する記事が増えるだけで、イメージの払拭につながりません。こんな時には、視点を変えて、もっと話題性のあるナラティブ作りに注力します。そして検索の1ページ目を塗り替える努力を続けるのです。

Q なるほど、フェイクニュースに真正面から対抗するよりも、この方がイメージ払拭には近道かもしれませんね。これは企業だけでなく、個人が名誉を傷つけられた場合でも、使えそうな方法です。

A もっとも、この方法は、イメージを払拭するだけの物語やエピソードが企業や個人に存在することが条件となります。そして普段から、周囲にたくさんの理解者や支援者がいることが後押しとなります。

Q その意味では、日頃の行いが、自分の危機を救うわけですね。

A そうです。SNSは自分の主張を伝えていくうえで、武器にも凶器にもなります。リスクを承知して武器として使うならば、日々の発信から味方を増やしていくように心がけるなど、うまく付き合っていくことが肝要でしょう。

Q ところで、山川さんは2021年から23年にかけてテレ東報道局の配信メディア「テレ東BIZ」の編集長を務めました。ネットメディアの組織を率いる立場から見て、何か発見はありましたか。

配信で輝くのはマニアックな人

A ネットならではの新たな人材を発掘し、活躍の場を与えられるのが、配信メディアの面白いところです。テレ東BIZでは、アナウンサーだけでなく、記者やディレクターも解説動画を作って出演しているのですが、テレビ放送ではそれほど目立たなかったのに、配信で人気を集める話し手が誕生します。

例えばテレ東BIZでは、皇室問題にものすごく詳しい人や、もともと理系で科学技術の知識が豊富な人などが、連載を抱えて解説動画をアップしています。

Q 配信だからこそ輝く人がいる、ということですね。

A

テレビだと、時間に制約があるので、発信する情報が限られます。本当はものすごく深い取材をし、詳しい話ができるのに、それを披露できる機会がなかなか訪れません。

その点、配信の解説動画であれば、時間的な制約が比較的ありません。聞く側も、再生速度を自由に変えられるので、時間が長めのコンテンツでも、関心のある人には見てもらえます。その結果、特定分野についてマニアックなほど深い知識を持つ人が、脚光を浴びるのです。

Q これまでテレビの裏方を支えてきた人が、表舞台に登場するというのは、うれしい現象ですね。

A はい。私は日経ビジネスの編集長になった時、尊敬する先輩に「編集長は猛獣使いであれ」とアドバイスを受けました。ちょっとクセがあって、気に障るようなことを平気で言うような記者ほど、面白い記事を書く傾向があるので、むしろ大事にしなさい、という意味です。

テレ東BIZの編集長時代も、同じスタンスでやっていました。やってみると本当にたくさんの逸材がいることに驚きました。

Q YouTube上でも、各分野でものすごく知識が豊富な、ユーチューバーが誕生しています。

A 教育、美容、ゲーム、釣り、料理、音楽、園芸、投資など、あらゆる分野で、ユーチューバーが活躍しています。私も時々閲覧しますが、たくさんのフォロワーを抱えた人気のユーチューバーは、それぞれ独自の伝える力を持っていますね。

1億総発信時代は、誰でも伝え手になれます。伝え方を磨くことで、自分の中に眠っている潜在力を引き出せるかもしれません。

第5章

Move
相手を動かす話し方

高齢者をひとくくりにする愚

Q さてここからはもう少し具体的に、「話し方」のスキルについて深めていきましょう。まず、事前の準備から。山川さんは、話す内容を決めていく時、何を意識しますか。

A 話す相手が誰なのか、です。報道番組でも、企画テーマを決める際には最初に視聴者層を意識します。同じ報道番組でも、例えばBSの場合には年齢層は高めになりますから、現役世代にしか響かないテーマばかりを続けていると、そっぽを向かれます。

Q シニア世代が関心を持っているテーマを取り上げないと、視聴率が落ちてしまうわけですね。

A はい。キャスターとしては、番組を進行する際にも、視聴者層を意識します。例えば賃金の話をする場合には、年金収入の話も織り交ぜるとか、金利の話をする際には、住宅ローン金利だけでなく、預金金利にも言及するなど、いつも画面の向こうにいる視聴者を意識して発言しています。

Q いくらその場のトークが盛り上がっても、視聴者をおいてけぼりにしたら、満足してもらえませんからね。

A 特に高齢者をひとくくりにするのは気を付けなければならないと肝に銘じています。我々は10代と20代を一緒にすることはないですが、高齢者となると、60代も、70代も、80代もひとくくりにしてしまうことが多い。

　なぜそうなるかと言うと、自分がその年齢を経験していないからです。10代や20代なら、かつて通過した世代なので、何となく肌感覚でその違いが分かります。しかし、60代以降になった経験はないので、どうしても発言が大雑把になってしまう。

Q その結果、知らず知らずのうちに、失礼なことを言ってしまう。

A そうです。特に高齢者に対して、リタイア組とか、ＩＴに弱いとか、決めつけがちになります。しかし高齢者の就業率を見てみると、65〜69歳は50％を超えています。働いていないという前提で話をしていることはとても失礼なことです。

高齢者に対して「情報弱者」というレッテルを貼るのも気を付けた方がいい。今のシニアはスマホを自由自在にこなす人がたくさんいますから。

聞き手の「ニュースの疑問」はどこに

Q 山川さんのニュース番組での解説コメントや、ＹｏｕＴｕｂｅの解説動画を見ていると、スーッと頭に入ってくる。「あっ、なるほど、そういうことか」と頷くことが多い。聞いている側の「ツボ」を心得ているなあと思います。

A そう言っていただくのが、一番うれしいです。司会する時も解説する時も、話す相手の関心や疑問に寄り添うことを心がけています。

私がメーンキャスターを務めているBSテレ東の番組のタイトルは「日経プラス9サタデー ニュースの疑問」、YouTubeの解説動画のタイトルは「山川龍雄のニュースの疑問」です。「疑問」とあえて付けているのは、視聴者のモヤモヤに寄り添うことをモットーにしているからです。

Q 視聴者が「分かりやすい」と感じるのは、「分かりにくい」と感じていることが存在するからで、まずモヤモヤしているところはどこかを考えるわけですね。

A はい。解説する時には、自分の知識や体験、とっておきのネタを披露しようと考えがちですが、それが視聴者の関心や疑問と重なっていなければ、おそろしいほど反応がありません。相手からすれば「この人は物知りだなあ」とは思うかもしれませんが、モヤモヤが解消したわけではありませんから。

Q 伝え方は相手を研究するところから始まる。それはいろんな場面に当てはまりそうです。

A 例えば私は講演に呼ばれた際には、聴講者にはどんな業種、肩書、年齢、性別

の人が多いのか、必ず事務局に聞くようにしています。相手の関心事をできるだけ理解したうえで、演題や話す内容を詰めていくよう心がけています。

ジャパネットたかたの話術

A 伝える相手に寄り添うという点では、ジャパネットたかたの創業者である高田明さんは卓越した能力を持った人だと思います。

Q 高田さんは、伝え方の達人としてよく引き合いに出されますが、山川さんもそう思いますか。何がすごいところなのでしょう。

A テレビ通販で商品を説明する際、スペックの説明から入りません。「その商品を買えば、視聴者の生活がどう幸せになるか」を伝えようとしています。

高田さんの話術については、ＩＣレコーダーを売る時の事例がよく引き合いに出されます。「お父さん、お母さん、留守しがちな息子さんに、冷蔵庫にね、こういうのをちょっと作って置いてあるからって、ＩＣレコーダーに吹き込んで、伝えるのはどうですか。ちょっとお互いコミュニケーションが足りないのが、解消されそうでしょう」みたいなことを言うのですよ。

Q あの独特の長崎弁の甲高い声で。

A そう。記憶に残る話し方ですよね。しかも高田さん自身が実際に使ってみた体験談が土台になっていることが多い。「自分が使ってみて感動したことを、独り占めしませんよ」というスタンスで話します。

Q 普通、ＩＣレコーダーを売るなら、音質がいいとか、何時間収録できるとか、スペックの説明に終始するところですが、確かに高田さんの話す内容は顧客目線が貫かれています。

説得と納得は違う

A 高田さんの話術は、能の大成者である世阿弥に影響を受けているそうです。世阿弥が未来の能役者に向けて書いたとされる『花鏡（かきょう）』という書物があります。

そこには演者は①我見（がけん）（役者自身の視点）②離見（りけん）（観客が役者を見る視点）③離見の見（我見と離見を客観的に俯瞰（ふかん）して見る視点）の3つを意識する必要があると書かれています。そしてジャパネットでは、「今の商品の説明は『我見』になり過ぎている」といった言葉を交わすことがあるそうです。

Q 伝え方が自分本位になっていないか、能楽の用語を使って戒めるわけですね。

A 営業の極意として、よく引き合いに出されるのが、「説得と納得は違う」という言葉です。説得は商品やサービスの優れた部分を相手に理解させようとする働きかけです。しかし人は誰かに説得されることを無意識に拒む傾向がありま す。これに対して、本当に優れた営業は、相手を説き伏せるのではなく、相手が自然と納得するのを待ちます。高田さんは明らかに、納得させる話術を持っています。

客を見ないタクシードライバー

Q お客さんのニーズをくみ取って、伝え方を変えるというのは、とりわけサービス業や営業現場に求められます。

A 私は最近、タクシーの運転手さんのある発言にストレスを感じることが多いです。

Q　どんな発言ですか。

A　既にシートベルトを締めているのに、「シートベルトの着用をお願いします」と言う運転手さんに出会ったことがありませんか？「いや、もう締めているけど」とちょっとイラっとします。

Q　そういう経験はよくありますね。

A　運転中に後部座席の状況が確認できないのなら分かります。しかし最近の「ジャパンタクシー」仕様の車は、運転席の上部に客がシートベルトを締めているかどうかを示すランプが付いています。ちょっと見れば分かるのに、それをしようとしない。

Q　きちんとランプを確認する運転手さんは「シートベルト着用のご協力ありがとうございます」と言いますね。

A　ささいなことですが、それが相手の立場になって話すということです。私は仕事柄、早朝や深夜のタクシーをよく利用しますが、こうした客を見ないで話すドライバーは運転も粗っぽいことが多い。きちんと話すドライバーは運転も丁寧です。

Q 何気ない言葉に運転手さんのサービス精神が表れているということですね。

A タクシーの話は一例にすぎません。接客業や営業に従事する人の多くは、最初にマニュアルを教わることが多いと思います。ただそれはあくまでも基本形であって、仕事の現場に立たされたら、相手を見ながら臨機応変に対応することが求められています。

伝え方もマーケットインの発想で

Q 相手を意識しているかどうかで、仕事の結果や評価に大きな差が出てくるということですね。

A 伝え方は商品開発と似ているところがあります。企業の技術や意向を優先して作る「プロダクトアウト」でなく、市場が必要とするモノを作る「マーケットイン」の姿勢を持てるかどうかです。

Q 伝え方も、プロダクトアウト一辺倒ではダメですか。

A もちろん商品開発と同じで、プロダクトアウトの視点は大事です。つまり、話の内容に、独自性や新規性があることは重要です。どこかで聞いたことがあるような陳腐な内容ばかりでは面白くありません。

伊藤忠・岡藤会長の「商は笑なり」

A とはいえ、相手のニーズをくみ取った内容でなければ、相手の心には響きません。私はこれまで各界で功成り名を遂げた人をたくさんインタビューしてきましたが、医者も科学者も建築家もコピーライターも、一流と呼ばれる人は、相手を知るところから仕事を始めます。

Q 「俺の話を聞け」と、一方的に顧客に提案するばかりでは、いい結果は残せないということですね。

A 伊藤忠商事の岡藤正広会長は、アパレル畑を歩み、数々の海外高級ブランドの商権を勝ち取ったことで知られています。トップに就任以来、業績を大幅に伸ばし、三菱商事や三井物産など財閥系商社と肩を並べるところまで躍進させました。その岡藤さんは営業の鉄則として、「商は笑なり」という言葉を使います。

Q どんな意味でしょう。

A 「商売は、結果が出ないで苦しい時ほど、お客さんの笑顔を考えることが大切」という意味です。苦しい時ほど、自分の利益でなく、お客さんの利益が出る仕組みを考える。そうすれば、自分たちの利益は後から付いてくる、と岡藤さんは説いています。

Q 人は得てして苦しい時は、自分のことばかり考えがちですが、そういう時ほど、相手を見なさい、という戒めですね。

「顧客」を連発するアマゾンのベゾス氏

A 以前、米アマゾン・ドット・コム創業者のジェフ・ベゾス氏をインタビューしたことがあります。1時間程度の取材中、「カスタマー(顧客)」という言葉を30回ほど連発したことを記憶しています。

Q それはすごい。話のどんなところで「顧客」という言葉を使ったのですか。

A 「それを決定するのは顧客です」「それも顧客が決めることとです」。私が今後のアマゾンの経営方針などを聞こうとすると、決まってこの言葉が返ってきました。質問をはぐらかされているのかと思ったので、「顧客主義を口にする会社は多いけれど、アマゾンは他社とどこが違うのか」とあえて意地悪な質問をぶつけてみました。

その時、ベゾス氏から返ってきた答えはこうです。「他社は顧客、顧客と口では言っても、結局、ライバルを見て戦略を決めている。それは何も発明していないのと同じ。先駆者とは言えない」。すべての戦略を顧客基点で考え抜くのがベゾス氏の哲学であり、この言葉を聞いた時、この人は筋金入りの顧客主義者だと思いました。

Q 多くの企業は、顧客主義と言っても、実はライバルを見て模倣しているだけ、と言いたかったわけですね。

A それに、日本企業の場合は、過去のしがらみや業界の慣習などに配慮して、顧客が望んでいることを分かっていても、実践しないことが多い。ベゾス氏が言いたかったのは、「アマゾンは日本の慣習など突破して顧客主義を貫く」ということだったのです。

Q だから、山川さんの質問に対して「顧客」と何回も繰り返したわけですね。

A おそらくベゾス氏は社内でも「顧客」という言葉を繰り返して、組織の隅々にまで浸透させようとしてきたのでしょう。それがアマゾンを世界最大級の企業へと成長させた原動力だと感じました。

第6章

Structure

話す順序をどう決めるか

いきなり各論から始めない

Q 伝えることは相手を知ることから始まる、ということは理解できました。次は、話す順序について聞きます。山川さんは、相手から質問を受けた時、冒頭はどんなことを意識して話し始めますか。

A そうですね。いきなり各論から話を始めないことです。

Q というと?

A 例えば外を歩いていて、突然知らない人に道順を聞かれたとします。その際、10分くらい歩かないと到着しないような目的地だったら、どう説明しますか?「3つめの角を右に曲がって、それから2つめの角を左に曲がって…」と話を始めますか。もしそうだとしたら、あまり話が上手だとは言えないし、職場でも高くは評価されていないかもしれません。

Q どうして?

A 相手の立場になっていないからです。道順を尋ねる人の多くは、歩いて行けるのか、タクシーや地下鉄を使った方がいいのかをまず知りたいのです。こんな時には「歩いて10分くらいかかりますが、どうしますか?」と聞くところから始めた方がいい。

いきなり「あの角を曲がって」と各論に入るのではなく、大掴みに目的地の方向を示して、移動手段の意向を確認するわけです。各論に入る前に、話の終着点を示す、と言い換えてもいいかもしれません。

Q 相手に道順を聞かれたので、順番に行き方を説明しているわけで、間違ってはいません。それでも、ダメですか。

A 歩いて1分のところなら、それで構いません。でも10分は結構長い。

それに教わる側は10分の道順を記憶するのは簡単ではありません。仮に歩くにしても、最初に指で示して「この方向に歩いて10分」と伝えておけば、だいたいの方向感が掴めるので、その後の説明がスムーズに頭に入ってきます。特に外国人に道を聞かれた場合には、そうした方がいい。

Q 確かに外国人観光客の多くは、どのくらいの時間で目的地にたどり着けるか不安を抱いています。

A 外国に行った時、タクシーよりも、「ウーバー」などの配車アプリで呼んだクルマに乗り込む方が安心しませんか。あれは発車する時点で移動時間や経路、料金の目安が分かっているからです。

これがタクシーだと、「自分はどこに連れていかれるのだろう。このドライバーは料金を吊り上げるために、遠回りして運転しているのではないか」と不安が募ります。話も同じで、最初に終着点を示して、相手の不安を取り除くことが必要なのです。

Q なるほど、特に外国人との会話では気を付けた方がいいですね。

A それに、そもそも外国とは文法の違いがあります。英語は主語の後に述語が来ますから、結論を先に言うのが当たり前の文化です。これに対して、日本語はいろんな形容詞が付いて、最後に述語が来る。そのため、日本人は時系列を追って順番に話す癖があるので、それが外国人にとっては、まどろっこしいのです。

Q インバウンドの増加もあって、日本国内にいても外国人と会話する場面が増えました。普段から、各論から入るのではなく、話の終着点を最初に見せるという習慣を付けることが大切ですね。

上司から「それで？」は黄信号

A 特に仕事の現場、とりわけ上司への説明はこのことを心がけてください。まず結論から入る。そして話し始める前に最終的な目的を伝える。

つまり、上司に「報告」しようとしているのか、「承諾」を得ようとしているのか、「アドバイス」を受けようとしているのか。それを伝えてから、各論の説明に入ってください。

Q そうしないと、上司も要領を得ない話にいつまで付き合っていいのか分からないわけですね。

A はい、そしてイライラが募っていきます。場合によっては「それで、何が言いたいの?」とか「結論から言ってくれ」といった一言を浴びせます。

最近は職場のパワハラが問題になっているので、上司も表面上は笑顔で部下の話を聞くように努めているかもしれませんが、本心では苛立っているはずです。だいたい出世している人はみんなせっかちですから。

Q それはなぜ?

A 企業経営というのは、ある意味、合理性を追求するゲームです。ムダを削って、利益を捻出しなければなりません。だから、よくできる経営者や管理職ほど、時間をムダに使いたくないという意識が強い。

Q 部下の立場になれば、話を小出しにして、「今日は機嫌がいいのかな」と顔色

A

をうかがいながら、話を進めたいというのも本音としてはあります。いきなり直球を投げて、ノックアウトされたくない。ああ、なるほど、最初は変化球を投げて様子を見る。それは上司の性格や、上司との相性にもよりますが、高等テクニックかもしれません。ただ、いつもそんな態度だと、おそらく上司は心の中では「頼りない部下だな」というレッテルを貼っているでしょう。

どんな上司に対しても基本は、ダラダラと話すのは避けた方がいい。上司に説明する際に、よく「で？」と先を促される人は、注意した方がいいでしょう。

PREP法を叩き込む

Q そう考えると、長い社会人生活、話を結論から始められる人と、そうでない人とでは、ずいぶん差がつくように思えてきました。とはいえ、すぐに実践できるものではありません。何か訓練法のようなものはありますか。

A ポピュラーな手段として出てくるのはＰＲＥＰ（プレップ）法です。「Point・Reason・Example・Point」の頭文字を取った言葉で、「Point（結論）」→「Reason（根拠）」→「Example（具体例）」→「Point（結論）」の流れで情報を伝える文章構成のことです。

ビジネスはもちろんのこと、日常生活においても役立ちます。文章を書く時にも話す時にも使えます。私も解説コメントを考える時などに、意識します。

Q 例えばどんなふうに？

A 中国経済について2分間のコメントを求められたとします。最初に「私は中国経済の先行きはかなり厳しいと見ています」と結論を言います。

そのうえで「特に国内総生産（GDP）の3割を占める不動産分野が振るわない」と根拠を示し、その具体例として「最近ではマンションの投げ売りが始まっていて、あるところでは1軒の物件を売ったら、もう1軒進呈するといったオマケ付きの売り方まで登場している」と事例を披露します。

Q なるほど。

A 与えられた時間次第ですが、根拠は複数ある方が説得力を増します。そこでもう1つの根拠として「中国の反スパイ法の改正が大きい。どんな理由で拘束されるか定義があいまいなので、外国企業が委縮している」と指摘し、「最近、日本の大手製薬会社の従業員も逮捕された。有罪となったが、今でも中国側からその理由が説明されていない」と事例を示します。

そして最後に「だから、中国におけるビジネス環境は不透明さを増している」ともう一度、結論を言います。

Q　確かに、とても整理されていて、聞いている方は理解しやすいですね。

A　ＰＲＥＰ法はいろんなシーンで応用できます。例えば、就活のエントリーシート。最初の結論は「御社が第一志望です」。そして理由と事例を1、2、3と続けていく。そして最後にもう一度、「だから、御社にどうしても入社したい」と結びます。

雑念を排除する

Q　そうか、志望動機を伝える際の文章は、ＰＲＥＰ法の構造がそのまま活用できますね。

A そう。そしてPREP法のいいところは、雑念を取り払いやすくなることです。

Q というと？

A 人は文章を書いている時も、話をしている時も、雑念が入ります。例えば、先ほどの中国経済を例にとっても、「不動産が悪いと言っても、まだ日本のバブル崩壊時のように、金融機関がバタバタと破綻するような事態にはなっていない」とか、「最近、中国政府は大型の財政投入をしたから、景気が息を吹き返すかもしれない」などと様々な思いが頭をよぎります。

思いつくままに伝えようとすると、結論を打ち消すようなワードを挿入してしまい、結局、全体として何が言いたいのか分からなくなってしまうのです。

Q なるほど、確かに話しているうちに、「今、何を言おうとしていたのだっけ？」とふと我に返る時があります。

A 人はみな、自分が頭に浮かんだことや面白いと思ったことを、あれもこれもと全部伝えようとします。そんな時、PREP法は役に立ちます。「自分は何を伝えようとしているのか」と原点に立ち返り、その結論に導くには、どれを削るべきかを判断できます。

Q とはいえメディアの人間は、一方的な言論に偏らないために、もう一方の意見も紹介するように教育されています。ＰＲＥＰ法を意識し過ぎると、話が断定的になりませんか。

A そこは何事も応用です。先ほどの中国経済の事例で言えば、最後の結論を言う際に、「最近、中国政府が財政投入を打ち出しているので、一時的に景気が息を吹き返す可能性はあるが、長い目で見て、中国経済の先行きは不透明感が強い」と言えばいいわけです。

あくまでもほんの少しだけ、「押さえ」として、別の見方を挿入する。そのくらいでないと、特にテレビのコメントでは、歯切れが悪くなってしまいます。

Q ＰＲＥＰ法は、主張を明確にするために使うわけですから、その効力を損なっては意味がないですね。

A その前提で、状況に応じて調整すればいい。就活の志望動機を書く時も同じです。あまりにもストレートにPREP法を使うと、ちょっと嘘くさく感じられてしまいます。そもそもたくさんの会社にエントリーしているわけですから、どの会社に対しても「第一志望です」と言っても、面接官は「本当はそうじゃないだろう」と心の中では訝っています。

Q 採用のプロたちが、そこに気づかないはずがない。

A そんな時は、例えばこんな言い回しはどうですか。
「もともと業界最大手のA社を第一志望と考えていたのですが、OB訪問や人事担当者の方々とお話させていただくうちに、これまで受けてきた企業の中で最も雰囲気の良さを感じ、御社の社員として働きたいという気持ちが強まりました。今は一番入社させていただきたい会社です」。こんなふうに、第一候補という姿勢は崩さずに、表現を変える工夫をするわけです。

Q なるほど、その言い方だと、好感度、爆上げですね。

A　面接官もプロですから、「第一志望のはずないだろう」と思いながらも、それをどう表現するかを見ているわけです。テレビの食レポだってそうでしょう。タレントさんが「おいしい」と言うのは、食べる前から分かっています。でもそのおいしいをどう表現するかを視聴者は見ています。

「掴み」のテクニック

Q　先ほどから、「結論を先に言う」という話が続いていて、少し気になっていることがあります。伝え方には「掴み」が必要なこともあります。その場合、順番を変えることもあると思うのですが。

A　それは重要なポイントです。確かに結論に意外性があればよいのですが、そうでない場合は掴みが必要になります。

ＰＲＥＰ法はあくまでも文章の構造の基本であって、必要に応じて崩さなければなりません。例えば先ほどの中国経済の話であれば、「最近ではマンションの投げ売りが始まっていて、あるところでは1軒の物件を売ったら、もう1軒進呈するといったオマケ付きの売り方まで登場している」という事例はインパクトが強いですよね。

Q 中国の不動産現場では「バナナの叩き売り」みたいな現象が起こっているのか、と驚きました。

A こんな印象に残るような事例があれば、話の冒頭に持ってくるのは1つのテクニックです。そのうえで、あとはPREP法の順番で伝えればいい。

Q 全体の構造は維持しつつ、その中で最も面白い事例を抜き出して、掴みにもってくるわけですね。雑誌でもよく使うテクニックです。一番面白い事例や表現を、見出しや書籍のタイトルにそのまま使うケースも増えました。

A そうですね。原稿を書く時も話す時も伝え方の原理は同じです。まず掴みを持ってきて、相手の関心を引き寄せる。ですから、ここでとても大事なことは、そうした面白い事例を丸めてしまわないことです。

要約することと丸めることは違う

Q　丸める？

A　はい。要約することと、丸めることはまったく違います。誰かと会話していて、この人の話は、論理的でまとまっているけれど、ちっとも面白くないと感じることがありませんか。

Q　あります。なんか聞いていてワクワクしない。

A　これはせっかく面白いエピソードを知っているのに、そのディテール（詳細）を省いてしまって、丸めて言おうとするからです。話す場合も書く場合も同じで、論理的な言い方をしていても、ディテールのない話は面白くない。

例えば海外旅行に行って帰ってきた人が、「物価がすごく高かったよ」と言うよりも「オレンジジュースが1杯、1500円だった」と言った方が、聞く人を引き付けるでしょう。伝える時には、そうしたエピソードを丸めてはいけないということです。

Q ディテールを残しつつ、いかに論理的に伝えるかが大事で、その中でも最も面白い話を掴みに持ってくる。そういうイメージでしょうか。

A その通りです。ですから、あくまでも全体の構造は崩さずに、とっておきの事例やエピソードだけを抜き取って、冒頭に持ってくるのがコツです。面白いと思った事例を次から次に持ってきてランダムに並べることはやってはいけません。雑誌で言えば、記者の中には、面白いネタは取ってくるけれど、論理的に書くのが苦手な人がいるわけです。

Q 一つひとつのネタは面白いけれど、散漫に並べているだけ。

A 本来、文章というのは、論理性が求められます。つまり、AはBである、BはCである、それゆえAはCである、と展開していかなければ、読者の腹には落ちません。ところが書き手の中には、AはBである、CはDである、EはFである、と脈絡のない事例を書き連ねる人がいます。

Q　文と文の関連性が弱い。

A　そうなると、全体として「何が言いたいの？」という原稿になってしまいます。だから、一番のとっておきのネタを冒頭に持ってくるのはよいのですが、それはあくまでも、文章の構造を崩さないで実践しなければなりません。そしてそれは、話す時も同じです。

オチを最後に持っていける人は一握り

Q　話の順序という意味ではもう1つ、オチを最後に持っていく方法もあります。例えば、落語だと、いきなり本題には入らず、世間話をしたり、本題の伏線となるような小咄（こばなし）をしたり、いわゆる「枕」があって、そこから本題に入って、最後にオチになる。

A もちろん話術としてはありますが、これは職人芸の世界ですね。私を含めて素人はあの域にはなかなか到達できません。

よく結婚式の披露宴などで、最後にオチを用意したスピーチをする人がいますが、上手でないと、逆にスベって痛々しい結果に終わってしまいます。オチを最後に用意する話し方は、せいぜい気心の知れた仲間内の飲み会などで実践するのが無難だと思います。

Q 飲んでいる時であれば、もったいぶって話しても、合いの手を入れて盛り上げてくれる人がいますからね。ビジネスの世界であまり使うべきではないと。

A はい、そう思います。そもそも職場は自分の話術をひけらかす場ではありません。私が思うに、それを職場で実行しても大丈夫なのは、社長だけでしょう。周囲はどんなにつまらなくても、聞くしかないので。

Q それはそれで、逃げ出したくなるような状況ですね。

A 話術という点では、もう1つ、わざとポイントだけを抜いて話し、そこを相手に言わせたり、突っ込ませたりするというテクニックもあります。

Q それで重要なポイントを余計に印象付けるわけですね。

A そうです。これができる人は話がうまいなと感じます。私はなかなかできませんが、自信がある人はトライしてみるのはどうでしょうか。

結論を急かしてはいけない相手

Q ところで、仕事はともかく、プライベートではどの程度、結論を先に持ってくることを意識しますか。

A 基本的には、仕事でもプライベートでも、ダラダラと要領悪く話す人は敬遠されます。ただ、あまりにもストレートな物言いに終始する人は、逆に人間味を感じさせないところもあるので、そこは程度です。特に夫婦や恋人同士の会話は、ストレートすぎないように気を付けた方がいいでしょう。

Q やっぱりそうですか。

A 自分が結論から言うのは構いませんが、相手に結論を求めるのは控えましょう。かく言う私も、仕事のことで頭がいっぱいになっている時などに、妻から話しかけられると、つい「結論から先に言え」って言いそうになる。

Q おー、怖い。夫婦仲が壊れる瞬間ですね。

A 意識して公私の切り替えをしておかないと、どうしても話の結論を急いでしまうのです。あるいは、話の途中で割り込んで、すぐにアドバイスしてしまう。すると、「私は単に話を聞いてほしかっただけなのに」と妻は不機嫌になります。

夫婦の会話は難しいですね。最近はさすがに私も学んだので、「結論を先に」なんて直接的なことは言いませんが、それでも妻から「あなた、今、私の話、聞いていなかったでしょう」とはよく言われます。

Q 特に仕事のことを考えていると、そうなりますよね。

A 原稿を執筆したり編集したりする仕事は、在宅勤務が可能なので、公私の切り替えが難しい。テレビの仕事も同じです。仕事柄、他局の報道番組をチェックするのですが、家族は単にテレビを見ていると思っているので、平気で話しかけてきます。そうすると、こちらは上の空で返事をしてしまう。時にはイラっとして、ぞんざいな返事をして、それがケンカのもとになります。

結局この件では妻と相談して、リビングとは別に書斎にテレビを置くことにしました。その結果、おかげさまで最近は比較的、平穏な時を過ごしています。

第7章

Easy

分かりやすく
伝える工夫

専門用語は極力避ける

Q　山川さんが出演している経済報道番組には、「FIA（自由貿易協定）」とか「REIT（不動産投資信託）」だとか、とっつきにくい用語が多いですよね。分かりやすくするためには、どんな工夫をしていますか。

A　まず、できるだけ難解な専門用語は使わないように心がけています。自分が解説する際には極力控えるようにしていますし、司会を務める際も、ゲストが使ったら、「それってこういう意味ですよね」と、平易な表現に置き換えるよう心がけています。

Q　例えば？

A　特にマーケット関連のテーマを取り上げていると、EPS（1株当たり純利益）、PBR（株価純資産倍率）、PER（株価収益率）など、横文字や略語がやたらと出てきます。出演しているエコノミストのみなさんがこうした用語を連発する際には、途中で入って、説明を付け加えることもあります。

ＰＥＲであれば、「1株当たりの利益に対して株価が何倍を付けているかを示す指標で、一般的には倍率が低ければ、その株価は割安、倍率が高ければ、割高と判断されます」などと、言い添えます。まあ、こう説明してもなお分かりづらいですが。

Q しかし、いちいち説明していたら、いつまで経っても話が前に進まないという問題が生じませんか。

A そこがいつも悩むところです。私が担当している番組だと、マーケットに一定の知識を持った人が見ていることが多いので、ある程度はその前提で進めます。ただ、さすがにゲストが難解な用語を連発した場合には、一度間に入って、平易な表現を言い添えるように心がけています。

それから、スタッフに事前に頼んでおいて、あらかじめ発言が想定される難解な用語については、その言葉が出た時に、画面上に2行程度の用語解説がテ

ロップで出るように準備してもらいます。

そのスキームにはアグリーです

Q なるほど、テロップなら、話を途中で止める必要がないですね。それと、難解という意味では、カタカナ用語を連発する人もいませんか。

A 「同意する」でいいところを「アグリー」とか、「状況」でいいところを「シチュエーション」とか、枠組みでいいところを「スキーム」とか。自分もうっかりとカタカナを使うことが多いので、偉そうなことは言えません。
この程度なら意味が掴めると思いますが、「インキュベーション」や「トレーサビリティー」などになると、だんだん怪しくなってくる。

Q どんなふうに言い換えればよいでしょう。

A 我々はできるだけ、枕詞を添えて説明するようにしています。ベンチャー企業や起業志望者などの支援を意味する「インキュベーション」、製品の製造から消費までの流れを追跡できるようにする「トレーサビリティー」、といった具合です。ただゲストの中には、こうしたビジネス用語を連発する人がいて、言い添えるのが追い付かなくなる時があります。

Q 意味はなんとなく分かっても、こうした言葉を連発する人を見ていると、正直、鼻につきます。

A 感じが悪いという点では、業界用語を連発する人もいます。業界用語は、それが分かる身内同士であれば、話を早く進めるのに都合がいいのですが、テレビは不特定多数の人が視聴していますからね。

Q 普段の打ち合わせでも、身内でしか分からない用語を連発されて、話についていけず、疎外感を覚えることはあります。

A そうですね。私も10年前にテレビの仕事を始めた頃はそんな気分になりました。10年経って、今度は自分がそうした言葉を頻発していないか、気を付けるようにしています。

75%は「4人のうち3人」

Q 分かりやすくするという点で、他にテレビの作法と言えるものはありますか。

A 文字では分かりやすくても、音にすると聞き取りにくいものがあります。例えば、米国、英国といった漢字表記の国名は聞き取りにくいので、アメリカ、イギリスと言います。米株はアメリカ株ですね。

話す内容に数字やデータを頻発させるのも、視聴者を置き去りにしてしまうので要注意です。少しでも聞く人がイメージしやすいように、例えば75％を「4人のうち3人」と言い換えるなど、表現を工夫しています。

Q 普段、何気なく使っている言葉でも、ちょっとした配慮の有無で、相手への伝わり方は違ってくるのですね。

A 偉そうに言っていますが、私がいつも完璧にこうしたルールを守れているわけではありません。その点、テレビ局のアナウンサーは入社の時から教育されているので、カタカナや業界用語を極力使わないことが徹底されています。

略語もそうですね。「コンビニでバイト」は「コンビニエンスストアでアルバイト」、「スマホ」は「スマートフォン」。少なくとも初出の時には、そう言います。一緒に仕事していて感心します。

Q やはり訓練して習慣づけることは大事ですね。ところで、テレビでは、言葉だけでなく、映像やフリップなどを使って、分かりやすくする場面も多いですね。

A　自分が解説する時も、映像やフリップにした方がよいものはできるだけ、準備するようにしています。テレビの良いところは、視覚、聴覚、言語のすべての情報を使って説明できることです。言葉ではうまく説明できなくても、映像を見せれば理解してもらえることは多いです。

例えば、工場の中の機械の動きなどは、いくら言語で説明してもなかなかイメージできませんが、映像だと一発で分かります。映像や写真、グラフなどを見せるのがふさわしいところは、その分、自分のコメントを減らしても、そちらを優先するようにしています。

例え話が例えにならない人

Q　難しい話を分かりやすくするために、例え話を用いることもありますね。山川さんはどうですか。

A 必要に応じて使います。ただこれも伝える相手を意識することが大切です。例え話で一番よく用いられるのが、モノの大きさを示す時の「広さは東京ドーム○個分」という表現です。しかし日本人ならみな東京ドームに行ったことがあるわけではありません。聞き手に野球になじみのない人が多そうであれば、学校の校庭の400mトラックやテニスコートに換算する方がふさわしいかもしれません。

若者や女性が多ければ「東京ディズニーランド○個分」の方が適当かもしれませんし、大阪だったらUSJの方がいいかもしれません。分かりやすくなるという利点に加え、聞き手の地元に寄り添った印象を与えます。

Q 確かに、例えるなら、話す相手のなじみのあるものや、生活実感に根差したものを選ぶ必要がありますね。

A 経済番組では桁違いに大きな金額が出てくることがあります。例えば、日本の財政の話をする際には、家計に例えることが多いです。

政府の年間の歳出は今、110兆円くらいで税収が70兆円、そして債務が1200兆円くらいあります。こんな数字を並べても、実感が湧きませんね。この場合には、「世帯収入が年間700万円の家庭が1100万円くらい支出しているイメージです。そして住宅ローンなどの借金が1億2000万円あるような状況」といった具合に家計に置き換えます。

Q なるほど、急に身近な話になってきました。

A さらに歳出の内訳をみると、社会保障費が37兆円で、国債費が25兆円くらいあります。これは「1100万円の支出のうち、おじいちゃんやおばあちゃんを中心に医療費や介護費に370万円、住宅ローンの返済に250万円かかっている」と置き換えます。

Q 聞いているうちに、政府の財政は大丈夫か、と心配になってきました。

A これだけ説明すると、不安になりますね。ただこの話には欠けている情報があります。それは資産です。

政府の資産の数え方はすぐに換金できる金融資産だけに限定するか、固定資産なども含めるかで変わってくるので、一概には数字を言えませんが、いずれにせよ日本は世界有数の資産大国です。ですから、すぐに財政が破綻することはありません。収入が７００万円の家庭が１１００万円支出していても、その家庭が預金ゼロの場合と、資産を1億円持っている場合とでは全然置かれている状況が違うのと同じ理屈です。

Q　借金をたくさんしていると、いかにも火の車のように見えますが、同時にたくさん資産を持っている人もいらっしゃいます。

A　それに、日本の場合、国債を主に保有しているのは海外ではなく、日本の金融機関や投資家です。これも家計に例えると、住宅ローンを借りている先は、外国の金融機関ではなく、身内に借りている状況に近い。

Q　なるほど、借金をしている先が、すぐに取り立てに来るような人たちではない、ということですね。

A　もちろん収入が700万円に対して1100万円も支出しているわけですから、健全とは言えません。日本は今、低金利なので救われていますが、金利が上昇し始めたら、政府の利払い負担は急増して、一気に苦しくなります。

Q　そこも住宅ローンを抱えている家計と同じですね。

A　ですから、収入を増やし、ムダな支出は抑えるよう努めなければなりません。しかし、だからといって、今すぐ、破綻するような状況ではないということです。

Q　だいぶ、日本の財政の実態が分かってきました。

年金や定年をサザエさんに例えると

A　年金の受給開始年齢の繰り下げや定年延長の議論でよく使う例えは、「サザエさん」ですね。

Q　サザエさん？

A　はい。サザエさん一家の主である磯野波平さんの年齢は54歳、漫画の世界ですから永遠の54歳です。

Q　えー、意外に若い。ちょっとショックですね。それが年金や定年とどう関係があるのですか。

A　54歳は若いように感じますが、番組の放映が開始された1960年代は、定年が55歳で、男性の平均寿命がおよそ65歳でした。つまり、波平さんは当時、定年を迎える1年前の設定で、平均余命が11年残されていたということになります。これを現代に置き換えると、現在の男性の平均寿命は約81歳ですから、平均余命の11歳を差し引くと、波平さんは70歳ということになります。

Q　今だったら、70歳で働いている人の状況と同じというわけですね。

A　はい。波平さんを現代に置き換えると、70歳はまだ定年前で年金をもらわずに働いていたということになります。この結果を踏まえれば、健康なうちは働いて、お金に余裕がある人が年金の受給開始年齢を繰り下げるのは、決して無理な話ではないというわけです。

Q なるほど、そこで年金や定年とつながるわけですね。確かに、言われてみれば、波平さんの風貌は、現在の70歳くらいに見えます。こうやって山川さんの話を聞いていると、例え話って分かりやすくするのに効果的ですね。

A はい。しかし一方で、例え話でスベってしまうことも多いです。「例えて言えば」と切り出しておいて、むしろ例え話の方が難解だったりすることはよくあります。この場合、聞いている側は「ポカーン」となります。

番組でもよくワケシリ顔で、昔の歴史を持ち出して、「あの時と今回の状況は似ている」などと言う人がいますが、「あの時」がすごく歴史上マニアックな出来事だったりすると、ほとんどの視聴者は付いていけません。

Q 司会者はそんな時、どうするのですか。

A キャスターとしては、知識の量が試されます。「なるほど、当時はこうで、今回はこうだから、確かに似ていますね」と視聴者に伝わりやすいように即座に返せるかどうかが問われます。

Q A

日頃の勉強量が試される瞬間ですね。

それから、そもそも論になりますが、テレビに出演する際には、例え話を連発するのは話が長くなるので避けた方がいいです。1回の出演に対して、1回までに抑制した方が無難でしょう。あまり例え話を連発されると、スタッフは「また始まったよ」と下を向いてしまいます。

第8章

Behavior

見た目の印象をどう変えるか

メラビアンの法則

Q ところで同じような内容を話していても、すごく説得力のある人とそうでない人がいるように思うのですが、その違いはどこから来るのでしょう。

A コミュニケーションに関連する研修や書籍などで決まって紹介されるのが「メラビアンの法則」です。1971年に米カリフォルニア大学ロサンゼルス校の心理学の教授だったアルバート・メラビアンによって発表されました。

人が何かを伝えようとする際、言語情報が7%、聴覚情報が38%、視覚情報が55%の割合で、相手に影響を与えるという法則です。「7-38-55のルール」とも呼ばれています。

Q 視覚情報から受ける影響が55%と最大ですね。それくらい見た目の印象が大きいということでしょうか。

A ええ、つまり、話し手のしぐさや表情などから受ける影響が55%、話すスピードや声色などに受ける影響が38%、そして話す内容が与える影響はたったの7%ということになります。意外な結果でしょう。

Q 我々は伝える内容にこだわってしまいますが、受け手はもっと五感を通して、話し手から影響を受けているわけですね。

A そうです。例えばある上司が「笑顔で叱る」場合と、「眉間にしわを寄せて褒める」場合とでは、部下はどう受け取るか。笑顔で叱られても、それほど叱られた気がしないし、逆にいくら言葉では褒められても、眉間にしわを寄せていたら、褒められた気がしません。それくらい表情が与える影響は大きいということです。

Q なるほど。上司の側に立てば、「はい、分かりました」と部下に言われても、その表情やしぐさ、声のトーンによって「本当にこの部下は分かっているのかな」と思う時がありますね。とはいえ、話す内容よりも見た目の印象で決まってしまうというのは、ちょっと残念な気がします。

Q

A

その解釈はちょっと違います。話す内容はとても重要です。ただ、相手に自分の意図を伝えたい時には、言語、聴覚、視覚のすべてが矛盾なく、調和が取れていることが大切だということです。いくら話す内容が素晴らしくても、表情や声のトーンと齟齬（そご）があれば、相手には伝わりません。むしろ滑稽に映ります。

番組でもよく深刻な話を笑顔で話す人がいるのですが、テレビであまりそれをやっていると、視聴者から「なんであのゲストは笑っていたのか」とクレームが来ることがあります。

あくまでも話す中身と話し方のバランスが大事だということですね。

A 第1章で、小谷真生子さんが番組開始直前にゲストの台本を取り上げるエピソードを話しましたが、これもメラビアンの法則に沿った行為なのですよ。

Q そうか。ゲストが台本に目を落として話すよりも、しっかりと前を向いて話した方が説得力を増すということですね。

A 話す内容以上に、その人の表情やゼスチャーで印象が決まってしまうのなら、台本を伏せるのは合理的なのです。たとえ司会者が変化球の質問をぶつけても、アドリブで返せばいい。「どう答えようかな」と戸惑ってはダメです。内容にこだわるよりも、視聴者は余裕の表情で即答できるかどうかを見ていますから。

肩がどちらかに傾いていませんか

Q テレビは「メラビアンの法則」が最も顕著に出てくる環境ですよね。山川さん自身が番組に出演する際に、見た目の印象で気を付けているところはありまか。

A　自戒を込めて申し上げられる教訓はたくさんあります。10年前、テレビの仕事を始めて最初のうちは、自分の出演番組を録画にとってよく「一人反省会」をやりました。まず、姿勢ですが、猫背で両方の肩の高さが同じではありませんでした。これはだらしなく映ります。首の角度も曲がっていることに気づきました。

Q　確かに、姿勢がピシッとしているかどうかでずいぶん印象は変わります。

A　あとフリップやモニターを指す時に、手がゆらゆらと揺れていました。

Q　手先が動いていると落ち着きがないように映りますし、見る側は気が散りますね。

A　それに情報番組などではたくさんモニター画面やフリップで図表を示す時がありますが、説明する内容と指すところが違ったりしていると、頭に入ってきません。今は、読む内容に合わせて、適切なところを指示棒で指すことを心がけています。

芸人さんの反射神経

Q 話す時の表情についてはいかがですか。

A これはいまだに悩みの1つです。テレビ慣れしていない人は全般的にそうだと思いますが、私も表情が薄かった。前向きな話をしている時は明るい表情を、悲しい話を聞いている時は悲しい表情をするのが自然です。特にテレビでは表情は少し大げさなくらいがちょうどいい。

ある時、経営者の訃報を伝えるニュースについて解説する機会がありました。その経営者には取材でずいぶんお世話になったこともあり、本心からお悔やみを申し上げていたのですが、後で録画を見てみたら、悲しいというよりも、冷たい感じに映っていました。

Q 自分の思いが必ずしも表情と一致していなかったわけですね。

A 特にテレビでは自分が思った以上に、無表情に映ります。この点は、たまに特番などでご一緒しますが、芸人さんはうまいですね。VTRを流している最中に、画面の一部が小窓のようになって出演者を映すことがありますが、表情が豊かで反射神経が素晴らしい。あれは本当に「芸」だと思います。いまだに自分にはできません。

Q 声のトーンについてはいかがですか。

A 最近の若い人には多いですが、私も少し語尾のイントネーションを上げる癖がありました。これは番組のチーフプロデューサーから「発言が軽く感じられるので直した方がいい」と指摘を受けました。しかし一度付いた癖をなくすのは難しいですね。それに私の場合、語尾のトーンを落とすと、今度は聞き取りにくくなってしまい、画面を通して弱々しく映ってしまうのです。

Q 語尾が「ごにょごにょ」とフェードアウトしていくタイプの人は自信がなさそ

うに映ります。

「まぁ」の連発は不遜に映る

Q

A

弱々しく映るという点では、語尾に「と思います」とか「と言われています」などを連発する人がいます。自分の発言が間違っていた場合のリスクを回避しているように見えるので、あえて使う必要のないところにまで、この表現を使うのは避けた方がいいです。

よく仕事の現場で「善処します」「対処します」を連発する人がいますが、聞いている側は「お前、何もやる気はないだろう」と受け止めますよね。それと同じで、「と思います」「という可能性もあります」などをあまり連発すると、発言から責任を感じ取れません。

「あのー」とか「えーと」など、話の継ぎ目に口癖のある人もいます。

A 本人は無意識に使っていて、気づいていないことが多いです。聞いている側は気になって話に集中できないので、できるだけ減らすよう努めてください。

それに、「と思います」といった婉曲表現を使う人も、「あのー」「えーと」と連発する人も、その瞬間、体が揺れていたり、目が泳いでいたりすることが多い。メラビアンの法則に従えば、視覚情報、聴覚情報、言語情報すべてを使って、まさに「自信のなさを表現」しているわけです。

Q 他にも目立つ口癖はありますか。

A 私はテレビに出演したての頃、「まぁ」という言葉をよく使っていました。録画で見て、「こんなに使っていたのか」と驚きました。「まぁ」の連発は、聞く側に不遜な印象を与えますから、今はできるだけ使わないようにしています。

あと、聞き手を不快にする点では、テレビやラジオでよくあるのが、緊張で口の中が乾燥して、話し始めに「くちゃっ」という音をマイクが拾うことです。これの対策としては、番組中に用意された水を飲むなどして、口の中を湿らせておくことをお勧めします。

Q 話を聞いている時の相づちの打ち方にも、人それぞれ特徴がありませんか。

A 私は当然のように「はい」「なるほど」といった言葉を挟むのがいいと思っていました。ところが録画で聞いてみると、私の「はい」はマイク越しだと少し甲高くて耳障りが悪い。以来、少し「はい」の回数は減らすようにしました。「なるほど」も本当に「なるほど」と思えるところで言わないと、逆に相手の話を理解できていないように映りますから、要注意ワードです。

ネクタイの色に注意

Q いずれもテレビに限らず、普段の会話でも気を付けなければならないことばかりですね。ところで山川さんが番組出演で着用する服はスタイリストさんが用意してくれるのですか。

A はい。おかげさまで、その点は恵まれています。放送前に楽屋に行けば、背広やネクタイ、ベルト、靴などが一式用意されています。私はもともと服装には無頓着な方で、放っておけば、ゆったりとした楽なサイズの方を選ぶし、同じ服を繰り返し着ることも多い。スタイリストさんがいなければ、とても一人ではやっていけません。

Q 一人だと、どんどんだらしない服装になりがちです。

A そうです。その点、スタイリストさんは厳しいですよ。サイズはピッタリのものしか許してくれません。正直に言うと、シャツもズボンもちょっと窮屈さを感じる時もあるのですが、スタイリストさんに言わせれば、そのくらいが見栄えがいいそうです。

Q そこはプロの意見に素直に従った方が良さそうですね。

A はい。ネクタイはできるだけテレビに出る時には派手な方を選べと言われます。普段、自分では付けないような色柄を付ける時には「さすがにこれは」と気が引けるのですが、付けてみると、画面越しにはそれほど派手には見えません。

Q 服装にも、テレビならではの常識があるのですね。

A 例えば、番組では女性のアナウンサーとコンビを組んで出演することが多いのですが、お互いのスタイリストさんが調整して、色の組み合わせにかぶりや違和感がないようにそろえてくれます。

あと服装やネクタイの色柄が、その日の番組のテーマにふさわしいかも考えてくれます。アメリカの大統領選をテーマにする際には、ネクタイは青にも赤にもしません。青だと民主党、赤だと共和党を応援することになってしまいますから。

Q 山川さんの番組では国際情勢をテーマにすることも多いですから、気を使うことも多いでしょうね。

A ウクライナ戦争をテーマにしている時に、赤、青、白のロシアの国旗をイメージするようなネクタイはもちろん避けます。かといって、青、黄のウクライナを想起させる色も選びません。ゲストの中には、ウクライナへの連帯を示す意味で、ウクライナカラーのネクタイを付ける人もいます。これはゲストの思いがこもっていて良いのですが、キャスターは中立の立ち位置を崩さないのが基本です。こんな時は、メッセージ性のないものを選びます。

「説教、昔話、自慢話」は禁物

Q 他にも見ている人に好印象を与える秘訣はありますか。

A 見た目とは少し違いますが、話す中身も含めて、不遜な印象を与えないことです。その意味では、会話の中で、あまり自慢話をしないように気を付けることが大切です。タレントの高田純次さんが言っています。歳を取ってから言っちゃいけないのは、「説教、昔話、自慢話」の3つだと。これは名言だと思います。

Q 若い人からすれば、どれも耳を塞ぎたくなるような話題ですね。とはいえ、この3つを封印されると、何を話せばいいんだ、という気持ちになってしまうのも現実ですが。

A 高田純次さんは「だから俺はエロ話しかしない」と言っています。もちろんそれは高田さんのキャラだから許されるわけですが。

Q でも自慢話を聞かされるよりも、いいかもしれない。

A テレビや雑誌に登場する人の大半は成功者です。視聴者や読者から見れば、嫉妬の対象になる。だから自慢話は鼻につく。成功者ほど、自分の失敗談や弱点を織り交ぜて話さないと、反感を買う恐れがあります。

Q その方が人間臭くて、話のリアリティーも増しますね。

自虐ネタを使うソフトバンクの孫正義氏

A 「日経ビジネス」のような経済誌でいえば、ソフトバンクグループの孫正義会長兼社長やファーストリテイリングの柳井正会長兼社長のインタビュー記事は人気があります。いずれも日本を代表する経営者で大富豪。普通で考えれば、嫉妬の対象です。しかし共通するのは、失敗談を赤裸々に語ることです。しかも「失敗は自分の責任」だと認めるから潔い。

Q 確かに成功者が成功話をしても、面白くありません。

A 孫さんなどは、「毛が抜けるほど頑張りました」とか、「ソフトバンクのケータイは、薄さナンバーワン、私のヘアではありませんよ」といった具合に、ご自身の薄い頭髪をあえて自虐ネタに使います。

Q 親近感が湧きますね。

A ファストリの柳井さんは、著書のタイトルが『一勝九敗』（新潮社）です。確かにファストリが世界有数のアパレル企業になるまでには失敗の歴史がありました。

野菜の通販は1年半で撤退しましたし、スポーツ衣料「スポクロ」も頓挫しました。欧米進出も当初は不採算店が続出して混乱しました。労働問題で「ブラック企業」のレッテルを貼られたこともあります。柳井さんはそんな失敗談や教訓を包み隠さずに話します。

Q 失敗があったからこそ、今の成功があると。

A 失敗や批判を恐れていては何もできない。小さな失敗は積極的に重ねて、大きな成功につなげようというのが、柳井さんの基本的な考えです。

ファストリの人事は面白くて、現在、第2ブランドであるジーユー（GU）を率いる柚木治社長はかつて野菜事業で多額の損失を出した人物です。失敗の責任を取るために柚木氏は辞意を伝えるのですが、柳井さんが「これを10倍にして返してください」と慰留した逸話は有名です。

Q なるほど、どん底からはい上がったストーリーだからこそ、我々は感情移入できる。これが徹頭徹尾、成功しました、という話ではつまらないし、参考にもなりませんからね。

本番で緊張しないコツ

Q ところで、テレビ出演やプレゼンの本番で緊張しないコツはありますか。

A そうですね。番組出演でもプレゼンでも、あるいは就活の面接でも同じですが、一番大事なのは、100点満点を望まないことでしょう。事前に準備したものを全部言おうと思うと、「内容を忘れてしまったら、どうしよう」と不安が募って余計に緊張してしまいます。本番中も、答えようとしていたことを1つ飛ばしただけで、焦ってしまいます。

Q もう少し大雑把に構えて、臨んだ方がいいということでしょうか。

A はい。今日、自分が伝えたいことはこれだ、と1点か2点に集中することが大事です。テレビに出演する時も誰かの前でプレゼンや講演をする時も、そのテーマに詳しいからこそ、自分が指名されているわけで、「この場には、自分よりも詳しい人はいない」と思えば、少し気持ちは楽になります。

とはいえ、変化球の質問が飛んで来たらどうしようと思うと、不安が募ってしまいます。

でも、その場で聞いている人の大半は、自分よりもその分野については素人のはずです。どんな質問が来ても答えられないはずはありません。例えば、番組前の打ち合わせで質問されて、言葉に詰まることはないでしょう。なぜ、本番では言葉が出てこないのでしょうか。

それは、やはり満点を望んでいるから？

そうです。だから、完璧を目指して順番通りに話すのはやめましょう。打ち合わせの時と同じように話せばいいのです。

それから、これは1つのテクニックですが、質問されたことに即座に返す言葉が見つからなかったら、「あなたはどう思いますか」「みなさん、どう思いますか」とその場にいる人に質問して、時間を稼いでください。しょせん返ってくる回答は、あなたからみれば、素人の意見です。それを聞いたら少し落ち着きます。そこで自分の意見を言ってください。

Q なるほど、それは使えそうなテクニックですね。

A あとは1にも2にも準備と練習です。本番を想定して練習を積んでください。その際、ストップウォッチで時間を計りながら予行演習してください。できれば、時間が半分になった場合にどこを縮めるかも頭に入れておけば、本番で焦ることがないでしょう。テレビの生放送も、プレゼンも、予定されていた時間よりも、短縮を求められることは多いですから。

第9章

Content

伝える中身をどう決めるか

「一発屋」で終わる人、そうでない人

Q　ここまで見た目の印象について伺ってきましたが、改めて、話の中身についての議論に戻しましょうか。

A　そうしましょう。前章でメラビアンの法則を持ち出して説明した通り、聞き手は確かに視覚情報から大きな影響を受けます。その意味では、見た目の印象は大事ですが、それが通用するのは一定期間だけです。やはり話の中身が伴わなければ、いずれ底の浅さが知れてしまいます。

Q　分かります。最初に受けた印象は良くても、次第に「この人の話は中身が薄い」とか「いつも同じことしか言わない」などと感じることがあります。

A　テレビに出演する人でも、いわゆる「一発屋」で終わる人がいます。
　漫才の日本一を決める「M－1グランプリ」に優勝したお笑い芸人コンビの中でも、その後、長く人気を持続して、バラエティー番組の司会などにも抜擢

される人もいれば、次第に表舞台から消えていく人もいます。コンビの中でも明暗が分かれます。それは最初に聞いた漫才ネタは面白くても、その後、次々と新しいネタを披露できるか、あるいはトーク番組でアドリブが利くかなどによって、その人物が本物かどうかが、次第に浮き彫りにされていくからです。そうした点を踏まえても、当然ながら話す内容は重要です。

スクープに勝る話はない

Q 山川さんが話す内容で重視しているものは何でしょうか。

A 報道現場で仕事している者にとって最も強いコンテンツはニュースであり、その中でも最強はスクープです。大きな会社同士が合併するとか、有名な政治家の汚職の実態を暴いたとか、他のメディアを出し抜いて、誰も知らない大きなニュースを伝えることを指します。こんな時は極論すれば、伝え方や記事のうまさは要らない。

Q たしかに事実そのものにインパクトがあるから、演出に凝る必要はないですね。

A いわゆる、5W2Hに沿って、「いつ」「どこで」「誰が」「何を」「なぜ」「どのように」「いくらで」行動するかを淡々と伝えればよいわけです。

Q 誰も知らない事実を掴んでいれば、話す際、これほど楽なことはないということですね。

「日経ビジネス」での企画の採用方針

A 普段の会話だってそうです。例えば、奥様同士の会話で、一人が「ねえ知っている？　Aさん夫婦が離婚するらしいわよ」と言ったとします。誰も知らない事実だとすれば、みなさん興味津々のはずです。その際、話のうまさや伝え方の順番はそれほど問われません。

Q どんなに話が下手な人であっても、みんなが何が何でも知りたい情報を口にしている時には、全員が聞き耳を立てます。

A 私がニュース解説をする時もそうです。番組から「今日はこのニュースで解説してほしい」と要請が来たとします。自分がそのニュースについて、誰も知らない、とっておきの情報を持っていたとしたら、こんなに楽なことはありません。切り口や掴みなどをあれこれ考えなくても、その事実を伝えればいい。

Q その意味では、人が知らない情報を持っている人は強い。

A そう思います。特に新聞記者はニュースを取ってきたかどうかで評価されます。新聞協会賞を獲得するような大きなスクープを取った人は、それが会社人生を通して勲章になります。雑誌はそこまでスクープに傾注するわけではありませんが、それでも情報の鮮度にはこだわります。

私は日経ビジネスの編集長時代、企画の採用方針として「フレッシュ、ホット、オリジナル」と言ってきました。

「フレッシュ、ホット、オリジナル」

Q　どういう意味ですか？

A　記者や編集者が持ち込む企画アイデアの中で、どこに重点を置いて採用するか基準を示したもので、フレッシュ＝新規性、ホット＝話題性、オリジナル＝独自性と置き換えることができます。

つまりフレッシュは誰も知らないニュース性のある情報を盛り込めるかどうか、ホットはニュースではないけれど、世間の話題に即しているテーマかどうか、そしてオリジナルは独自の切り口や常識を覆す視点があるかどうかです。

当時の部下には「この3つのうち、2つ以上の基準に当てはまる企画は採用する」と言っていました。

Q 例えば？

A そうですね。私が編集長だった時代で言えば、「KDDIがiPhoneの販売に参入する」というニュースは日経ビジネスのスクープでした。これはソフトバンクによる独占販売が崩れる時代が到来したことを意味しており、フレッシュ＝新規性、ホット＝話題性という点で、文句なしでした。

ただ雑誌でこんなスクープを掲載できる機会に恵まれることはそれほど多くありません。普通は話題性のあるテーマに即した企画アイデアが提案されます。

Q 世間で話題になっているテーマに焦点を当てて、それを深く掘り下げようという企画提案ですね。

A ただその場合、オリジナル＝独自性が問われます。

例えば当時「今年こそ賃上げが広がるか」という見出しを付けた提案はボツ

にしましたが、「賃上げ余力ランキング」という提案は採用しました。後者には、上場企業の収益や資産の実態から各社の賃上げ余力を弾き出すという雑誌ならではの独自性があったからです。実際、このタイトルで特集を組んで、よく読まれました。

Q　今でも読みたくなるようなテーマですね。こうして聞いてみると、フレッシュ、ホット、オリジナルという基準は分かりやすく、いろんな場面で応用できそうです。

A　私がニュースを解説する際にも、活用しています。自分が伝えようとしている解説内容にこの3つのうち、何らかの要素が盛り込まれているかどうかを頭の中で確認します。新規性も話題性も独自性もないコメントをしても、付加価値がありませんから。

Q　普段の会話でも、自分が発言しようとしている内容に価値があるのかどうか、チェックするのに使えそうですね。

A そう思います。職場での上司への報告から、打ち合わせでの発言、プライベートでの何気ない会話に至るまで、新規性も話題性も独自性もないことばかり話している人は「つまらない人」というレッテルを貼られます。その意味では、この基準に照らして、普段の発言を振り返ってみるのもいいかもしれません。

情報には賞味期限がある

Q 3つの基準のうち、1つめのフレッシュですが、情報の新規性が問われるということは、「いつ発信するか」が大事になってきますね。

A そう、情報には賞味期限があります。その時点ではニュースであっても、翌日には既報に変わっているかもしれない。そうなると、たちまち価値は低下します。それゆえ新聞も雑誌もテレビの報道番組も、いつどういう手段で発信するか、社内で侃々諤々(かんかんがくがく)の議論をしています。

Q　その判断が遅れれば、せっかくニュースを取ってきた記者の苦労を台無しにしてしまうわけですからね。

A　一方で、慌てて掲載して誤報になってしまえば、世間にも取材先にも迷惑をかけてしまいます。もちろん記者も会社も信用を失ってしまいます。その葛藤の中で、発信するタイミングを判断しています。

「紙が最優先」ではなくなってきた

Q　しかも、最近はネット媒体があるので、発信しようと思えばいつでも発信できる。

A　おっしゃる通りです。逆に言えば、ライバルも同じ手段を持っているわけで、出し抜かれる可能性もある。

しかも最近はＳＮＳの普及によって、ニュースが人々の間に広がるスピードが速く、数時間後には誰もが知っている古い情報になってしまいます。場合によっては、本当は自分たちがスクープを握っていたのに、数時間だけ判断が遅れたばかりに、世間からは後追いでニュースを出したように見られてしまうこともあります。

それは悔しい。

そのくらい情報の鮮度は重要で、賞味期限を意識しながら発信する必要があるということです。新聞も雑誌もちょっと前までは、紙媒体にスクープを出してこそ価値があるという考えが主流でしたが、今はずいぶん意識が変わってきました。

日本経済新聞でも朝刊の一面記事として掲載する記事を、「日経電子版」に前日の夕方に「イブニングスクープ」や「特報」として発信することが増えました。テレビ東京でも報道局の記者が掴んだニュースが夜のＷＢＳの放送まで持たないと判断すれば、報道局が運営する配信サイト「テレ東ＢＩＺ」に流すようにしています。

SNSで拡散されやすいテーマを選ぶ

Q　フレッシュ、ホット、オリジナルのうち、2つめのホットの定義についても、もう少し教えてください。話題性というのは、突き詰めると、どんなものを指しますか。

A　世間で起きているニュースや出来事の中でも、人々の関心を集めているテーマです。同じニュースでも、その出来事に対して賛否両論の意見があるものが望ましい。誰に聞いても同じ意見が返ってくるより、酒の席で「お前はそう言うけど、俺はこう思う」と議論が白熱しそうなテーマと言い換えてもいいかもしれません。

Q　ホット・イシューという言葉がある通り、話題沸騰になっているテーマということですね。

A そうしたテーマを取り上げた方が、テレビの報道番組ではたくさんの人が視聴してくれるし、雑誌ではたくさんの人が読んでくれます。ネット媒体が話題にしてくれれば、SNSで拡散されます。私の立場で言えば、キャスターを務める番組では、ホットなテーマを特集に選ぼうとしますし、解説者として出演する時にも、話題性のあるニュースについてコメントするよう心がけています。

Q 人々の関心も、日々移り変わっていきますからね。

A 話題性も賞味期限に気を付ける必要があります。ただこの場合、単に早ければいいというわけでもありません。雑誌でも「早すぎた企画」になってしまうことがよくあります。

これは解説コメントも同じです。自分では先を見据えた良い話をしているつもりでも、まだ視聴者の関心がそこまで追い付いていなければ、反応が薄くなります。

ググって出てくる情報の価値は低い

Q　そして最後のオリジナル＝独自性ですが、これも掘り下げると、どんな内容を指しますか。

A　簡単に言えば、グーグルで検索して出てくるような内容は価値が低いということです。

Q　自分が体験し、自分の頭で考えたことを内容に盛り込むというのが、基本ですか。

A　そうです。それに、そもそも相手が受け売りの話をしている時ってなんとなく分かりませんか。我々で言えば、雑誌でインタビューする際、相手が自分の言葉で話していないと、なんとなく感じ取ってしまう。

Q　なぜそれが分かるのでしょう。

A　まさに先ほどから出ているメラビアンの法則です。話している相手の表情やしぐさ、声色、そして話の内容までを総合すると、その人が体験談に基づいて自分の言葉で話していることと、どこかに書いてあるようなことを受け売りで話していることは、なんとなく区別できる。

Q 本人は悦に入って話しているけれど、残念ながら「どこかで聞いた話だなあ」と思いながら、相づちだけ打って、聞き流していることがあります。

A その道のプロには受け売りは分かるということです。例えば大学の先生が、学生の試験の答案を採点する際も、ググって出てくる情報や、ＣｈａｔＧＰＴなどの生成ＡＩを使って書かれた文書には気づいていると思います。たくさんの学生の答案を見ていれば、不自然なくらい、似たような内容や表現が繰り返し出てくるでしょうから。

寛大な先生はそれが分かっていても、「優良可」のうち「可」くらいは付けてくれると思いますが、「優」はさすがに付けてくれないでしょう。

Q とはいえ、今の時代、大抵のことはネット上に書き込まれているわけで、逆にググって出てこない内容で答案を埋めるのは、難しくないですか。

A それでもそっくりそのままコピペするのと、検索したものを参考にしながら、自分の頭で考えて、自分の言葉で表現するものとでは、差が出ます。あくまでもグーグルは情報を収集するためのツールであって、そこで読んだものは知識でしかありません。その情報をもとに、自分が考え抜いて独自の視点を加え、知識を知恵に変えていくことが求められます。

Q すべての伝える作業に、独自性を持たせようと思ったら、時間がどれだけあっても足りないような気もしますが。

A そこは正直なところ、どの程度、自分が勝負をかけている案件かどうかにもよります。就活のエントリーシートを例にとれば、絶対に入社したい第一志望の会社と、保険をかける目的で応募している会社とでは力の入れ方が違うでしょう。さすがに人生を左右するような場面では、独自性にこだわりましょう。最近は生成ＡＩを使ってエントリーシートを大量に作成する行為が横行しているようですが、そうやって要領よく生きていこうとする人には、どこかで手痛いしっぺ返しが待っていると思います。

2つの大震災で学んだこと

Q それはそうですね。では、独自性を磨くためには、どんな努力をすべきでしょうか。

A 実体験を増やすことです。百聞は一見に如かず。自分の目で見て、ニュースの当事者に話を聞いてきたものは、説得力が違います。だから記者は現場に足を運ぶ。テレビのディレクターもロケに行く。自分がニュース解説をする時も、現場を見てきた時と、そうでない時とでは、自信を持って語れる度合いが違ってきます。

Q 話を聞く側も、実体験を伴ったコメントは説得力を感じます。やはり独自性という点では、五感を通じて得た体験に勝るものはない？

A そう思います。私は1995年の阪神・淡路大震災の時には、まだ駆け出しの雑誌記者でした。ちょうど大きな企画の締め切りを終え、編集部の中で一番体が空いていたので、真っ先に被災地に駆け付けました。

現地で調達した自転車に乗って見て回った被災地の惨状は今でも目に焼き付いています。初日はとても被災者に声をかけられる雰囲気ではありませんでした。その後、大阪のビジネスホテルから毎日、現地に足を運ぶことになるのですが、翌日からはパンや飲み物を大量に買って、それを必要としている人に渡しながら、話を聞きました。

Q そのくらい当初は救援物資が不足していたのですね。

A 報道では物資が届いているような情報も流れていたのですが、実際は届く先が偏在していたと思います。これも現地に行かないと分からないことでした。

そして数日後、編集部に帰った私は不思議な体験をしました。いつもは私を厳しく指導していたデスクや先輩記者が、この時ばかりは私の話に耳を傾け、意見を素直に受け入れてくれるのです。その時に悟りました。記者は現場に行ってナンボだと。

Q 確かに大規模な災害があった時、現地を目にした記者とそれ以外の人では、情報量に圧倒的な差があります。先輩も耳を傾けるでしょうね。

A 2011年、東日本大震災が起こったのは、私が日経ビジネスの編集長に就任するのとほぼ同じタイミングでした。

阪神・淡路大震災の経験があったので、私は迷わず、編集部の記者を集めてこう言いました。「現在、体が空いている者で現地に足を運べる人は手を挙げてほしい。これからしばらくは震災特集が続く。私の経験では、いち早く現地を見てきた人が、その後、編集部をリードすることになる」。結局、大半の記者が震災から1か月以内に被災地を訪れることになり、「3・11」というタイトルで4号続けて特集を組み、当時、大きな反響を呼びました。

Q　経営陣からもお褒めの言葉が？

A　危険と隣り合わせの被災地に多くの記者を行かせたことで、経営幹部からは大目玉をくらいましたが、今でも当時の判断は間違っていなかったと思っています。

Q　多くの記者が現地の取材を敢行したからこそ、リアリティーのある特集を組むことができたわけですね。

A　当時、真っ先に現地に足を運んだ記者からの第一報にはがくぜんとしました。「山川さん、店舗に強盗が入っています」。テレビや新聞を見る限り、そんな報道はどこにもありませんでした。この事実をどこまで報道するか迷いましたが、これも現実だと思い、被災者への注意喚起にもつながると判断して、特集に盛り込むことにしました。

Q　やはり現地に行かないと分からない現実があるのですね。

A　そう思います。天に唾するような発言ですが、報道されていることをうのみにしてはいけません。可能な限り、自分の目と耳で確認することが大切だと改めて思い知ったのはこの時です。

インプットを絶やさない池上彰氏

Q しかし、複数の番組のキャスターや解説者を兼ねている山川さんの今の立場だと、なかなか現地に足を運ぶことは難しいのでは。

A それが一番の悩みです。おそらくテレビに出演する解説者に共通する課題だと思います。スタジオ出演の頻度が高いほど、現地に足を運ぶ時間を確保しづらい。

解説者というのは基本的にアウトプットを求められる仕事です。現場に行ったり、専門家に話を聞いたり、資料を読み込んで分析したりする、いわゆるインプットの時間が取れなくなると、ネタ枯れを起こし、同じようなコメントの繰り返し状態に陥ってしまいます。

Q インプットとアウトプットのバランスが崩れるわけですね。

A その点、感心させられるのが、ジャーナリストの池上彰さんです。池上さんは私も仕事でご一緒することがあるのですが、一時期、テレビ番組の出演を控えた時期がありました。今でも意図的に海外ロケとセットになっている番組などを優先して出演依頼を受けているように思います。それは池上さんがいかにインプットを大事にしているかを表しています。

Q インプットを絶やさないからこそ、あれだけ長きにわたって、テレビの第一線で活躍されているのでしょうね。

A 以前、池上さんに「なぜこれだけたくさんの仕事をこなせるのでしょうか」と聞いたことがあります。返ってきた答えはこうでした。「山川さん、簡単ですよ。私は酒を飲まないから」。飲酒しない分だけ、自宅に帰れば、本を読んだり、資料を分析したりと、インプットの時間が持てるということでした。すぐに誘惑に負けてしまう私にはとても耳の痛い話でした。

武器にしているのは名刺管理ソフト

Q 山川さんもたくさんのニュース解説をやっています。どうやって取材しているのですか。

A 私にとってありがたいのは、複数の報道番組のキャスターを務めている関係で、スタジオにゲストとしてお越しいただく専門家の話を聞く機会があることです。ゲストとは番組が始まる前に、簡単な打ち合わせをするのですが、その際、番組とは直接関係ないことでも、自分の関心や疑問をぶつけて、取材するようにしています。

Q 打ち合わせと取材を兼ねる。まさに役得ですね。

A はい。本来であれば、自分が取材に伺わなければならないような相手に、スタジオに来ていただいているわけですから、本当に幸せな仕事をさせていただいています。また、番組で親しくなった人とは、時々、別の場所で会って、情報交換させてもらっています。さらに武器となっているのは、「Ｅｉｇｈｔ」です。

Ｑ 名刺管理アプリですか。

Ａ はい。取材や番組でお世話になった人の名刺の情報がそこにすべて入っていて、その数は６０００人を超えます。

ＷＢＳの出演日には、当日の夕方までに自分が解説するニュースが決まるのですが、そこからコメントをまとめるまでには数時間しかありません。自分の取材の蓄積があるテーマならよいのですが、そうでない場合には、その分野に詳しい専門家の連絡先をＥｉｇｈｔから引っ張り出して、電話やメールで意見を聞いています。

Ｑ まさに時間との戦いですね。

Ａ はい。やはり専門家のみなさんは、新聞やテレビでは得られない情報を持っています。それを聞いたうえで、コメントを組み立てるか、そうでないかでは、独自性が違ってきます。それに、できるだけ多くの人に話を聞くほど、自分が抱いていた仮説が確信に変わるので、自信を持ってコメントできます。

Q 人脈がモノを言うのは、どの仕事の現場にも共通していますね。

A 仕事で分からないことがある時、「ちょっと教えてほしいのですが」と頼れる人を持っているかどうかが勝負の分かれ目になります。仕事は正しい判断をすることも大事ですが、意思決定のスピードが求められます。

その意味では、日頃からすぐに連絡がつくようにしておくことが、いざと言う時に役に立ちます。私の場合、主に名刺管理ソフトなどを頼りにしていますが、ＬＩＮＥやフェイスブックなどでつながるのも1つの方法です。

Q 記者や編集者でも優秀な人ほど、取材の最後に、相手の携帯番号を聞き出したり、ＳＮＳでつながったりすることを上手にやっていますね。

A そうです。それと、相談する相手は社内だけでなく、顧客や取引先など、社外にも広げておくことが賢明です。

とかく日本企業は内向きになる傾向があり、社内の人に尋ねると、内向きの論理でアドバイスされることが多いです。「本当はこのやり方はまずいけれど、代々こうやってきた」などと先輩から言われ、「そんなものか」と思って従ってきたことが、後々、不正として発覚することもあります。社外に頼りにできる人脈を広げておかないと、自分自身が知らぬ間に内向きの論理に染まり、不正や不祥事に手を貸すことになりかねません。

第10章

Listen
キャスターの聞く技術

「口は1つ、耳は2つ」

Q 「話し方」に続いて、「聞き方」について、掘り下げていきたいと思います。山川さんはまず「聞く」ことの重要性をどう考えていますか。

A 聞くことは、「伝えることの一種」だと思っています。

Q それはどういうことでしょう。一見、聞くことと伝えることは反対の意味のように思えるのですが。

A 人は自分のことを話さなくても、聞く姿勢を示すだけで、相手に十分、人格や能力は伝わっているものです。上司と部下の関係にしても、上司が話している時に、どこで頷き、どんな質問を返すかで、だいたいその部下のことは分かります。

Q よくできる部下は、話の本当に大事なところで頷いたり、鋭い質問で返してきたりしますね。

A そうです。さらに聞いたことをどう報告書にまとめ、どう行動に反映させていくかまで見れば、おおむね部下の力量は分かります。ところが、多くの人は聞くことの重要性に気づいていません。

Q 確かに話し方に比べると、聞き方には注意を払っていないかもしれません。それに第2章で話に出ましたが、若いうちは、職場で自分が話している時間よりも、上司の話を聞いている時間の方がはるかに長い。だとすれば、若いうちに、聞くスキルを磨いておくのが賢明ですね。

A ユダヤの格言に「口は1つ、耳は2つ」があります。これは「自分が話す倍だけ、他人の話を聞きなさい」という言い伝えです。「賢い人は質問し、愚かな人は自分の話をする」とも言われます。つまり古今東西、聞くことの重要性は語り継がれてきたことなのです。

Q 格言として言い伝えられるほど、それを実践するのは難しいという裏返しかもしれませんね。

A　そう思います。多くの人が「話す倍だけ他人の話を聞く」のではなく、「聞く倍だけ、自分のことを話している」のでしょう。

Q　格言とは反対になっているわけですね。ところで、聞くスキルで一番大事なことは何でしょう。

聞き上手は共感力が高い

A　基本となるのは、相手に共感する力です。これは「相手の話の面白い部分を積極的に見つけて、その感覚を共有する」能力、と言い換えてもいいかもしれませんね。

Q　具体的には、共感力があるというのはどんな人を指すのでしょう。

A　例えば、飲み会の席で、自分の意見はそれほど言わずに、うんうんと頷いてじっくりと聞いてくれる人がいます。飲みに行く時にはなんとなくそういう人を誘いませんか。それが共感力のある人です。

Q なるほど。そんな人がいますね。そして、そういう人のところに、自然と人も情報も集まります。

A あるいは、私が講演をしている時に、聴衆の中に、ニコニコしながら頷いてくれる人を見つけると、ホッとします。長い時間、一方通行で話していると、「自分の話はきちんと伝わっているのかな」と不安になることがあります。そんな時、笑ったり、頷いたりしてくれる人がいると、自分も乗ってきます。こういう人も、共感力があると言えるでしょう。

Q そう言われれば、不思議とこの人の前では、何でもしゃべってしまうという経験はあります。どうやったら、そんな共感力を出せるのでしょう。

A テクニックに走るというより、「相手の話にちゃんと反応しよう」という心がけから、自然に醸し出されるようなものだと思います。相手の面白いと思った発言に「うんうん」と頷く、「なるほどー、それは興味深いですね」と言って、

もっと聞きたいという意思を示す。

聞かれる側としては、「面白い」「興味深い」と言われて悪い気はしません。そうやって気づいた時にはたくさん話をさせられていた。そんな雰囲気を醸し出すことでしょう。私がそれを実践できているとは思いませんが、そうありたいと努めています。

Q

キャスターの理想はテニス観戦

聞き上手という意味では、テレビの司会者は、まさに聞くことのプロフェッショナルともいえる仕事です。「聞き方」のテクニックとして、日頃どんなことを心がけていますか。

A まず質問を短くすることです。第1章で、テレビでは話の長い人は敬遠されるという話をしましたが、もちろんこれはキャスターにも当てはまります。というよりも、司会者がゲストよりも話が長かったら、それこそ話になりません。キャスターの質問は短いほどよい。究極は、テニスの試合を観戦している観客の姿です。

Q テニス観戦？

A はい。ゲストの間で話が盛り上がって、それを司会者が首を左右に動かしながら、見守っている状態です。つまり、司会者が一言も話さなくても、ゲスト同士が勝手に盛り上がっている、あるいは、論争を繰り広げている。これが生放送ではベストの状態で、こんな時は視聴率も落ちません。

Q 司会者がそっちのけになるくらい議論が白熱しているわけだから、盛り上がっている感じがします。

視聴率が落ちない「鉄板」のシーン

A テレビの生放送中にほぼ間違いなく、視聴率が落ちない場面があります。どこか分かりますか？

Q 刺激的な映像が流れている時や、スタジオトークが盛り上がっている時などですか。

A いずれも間違ってはいませんが、最も「鉄板」の状況があります。それはアクシデントが起きた時です。例えば、出演者の1人が急に具合が悪くなって席を離れた時。ゲストの1人が放送禁止用語を口走ってしまい、周囲がうろたえている時。アナウンサーが何度も読み間違えて、スタジオ全体が浮足立っている時もそうです。

Q 番組としては望んでいない展開なのに、視聴者はチャンネルを変えようとしない？

A はい。ハプニングが起きた時の方が、その後どんな展開になるか、顛末を知りたいと思うのでしょう。報道番組ですから、普段、出演者は淡々とした表情で番組を進行させています。その分、ドタバタしている姿を見ると、ギャップを感じるのかもしれません。

Q そう言われてみると、思い当たるところがあります。スタジオ内がざわついている時の方が、目が釘付けになってしまいます。

A もちろん、放送中にアクシデントを起こしていいわけはありません。場合によっては始末書ものですから、こんな時、番組スタッフはうなだれています。ですが、テレビの生放送というのは、想定外のことが起こっている方が、コンテンツとしては強い。

一方、番組がきちんと台本通りに進行していて、予定調和になっていると、視聴者は「もうだいたい分かった」と感じて、チャンネルを変えてしまうのです。

Q ゲストがお行儀よく司会者の質問を待って答えている時よりも、想定外の展開となってむしろ司会者がドキドキハラハラしながらテニス観戦している時の方が良いということですね。

羽鳥慎一さんの得意技

A そして、このテニス観戦がとても上手なのが、フリーアナウンサーの羽鳥慎一さんです。テレビ朝日の「羽鳥慎一モーニングショー」では、論客の玉川徹さんをはじめ、しばしばゲスト同士で脱線して論争が展開されます。

Q 羽鳥さんが個性の強いゲストのやり取りを見守っているシーンをよく目にします。

A 羽鳥さんは表向き、おろおろとした表情を見せていますが、あれは演技でしょう。本音では「もらった!」と思っているはずですよ。

Q 番組としては適度に脱線している時間帯が一番おいしい。

A はい。羽鳥さんの進行を見ていて感心するのは、出しゃばらないことです。羽鳥さんは番組で取り上げるテーマについて事前にきちんと勉強していて、大半のことを熟知しています。しかしその知識をひけらかしません。意見やうんちくを言うのはゲストに任せ、自分は「視聴者代表」という姿勢を貫いて、素朴な質問をします。羽鳥さんが口を挟むのは、あまりにもゲストの主張が偏り過ぎた際に、バランスを取ろうとする時くらいです。

Q なるほど。必要最小限にとどめているわけですね。

知識をひけらかさない

A あと、聞き方が上手だと思うのは、ラジオの朝の生放送で「飯田浩司のOK! Cozy up!」（ニッポン放送）の司会を務める飯田浩司さんです。国際情勢や政治経済を扱う番組なので、私がキャスターを務める番組と出演するゲストが重なることが多いのですが、飯田さんの番組では、どのゲストも気持ちよく話しています。というか、「話させられている」と言った方が正しいかもしれません。

Q　つい乗せられて、普段は話さないようなことまで、口走ってしまう？

A　はい。私も最近、この番組に月イチくらいのペースで呼ばれるようになったのですが、本当に気持ちよく話すことができます。飯田さんもよく勉強していて、それでいて知識をひけらかそうとしません。ゲストの話が分かりにくいと思えるところだけ、少し言い添えて、リスナーの理解を助けることに徹しています。

Q　羽鳥さんも飯田さんも、ゲストを立てて、出しゃばらない点では共通しているわけですね。

A　そうです。私も含めて新聞や雑誌の記者出身者がテレビキャスターになると、話が長くなってしまう傾向にあります。どうしても取材で得た情報や自分の意見などを放送中に披露したいと考えてしまうからです。

Q キャスターになっても、記者の習性から抜け出せない。

A はい。それゆえ私が司会を務める番組では、できるだけ自分の話は短くすることを心がけています。ただ、生放送をやっていると、それとは逆に、話を引き延ばさなければならないこともあるのですよ。

Q それはどんな時？

A 先日、番組でハプニングが起きて、やむにやまれず、長話をしなければならないことがありました。「日経プラス9サタデー ニュースの疑問」で、CM明けに流す予定だったVTRが出せない事態になり、準備が整うまで話を続けてほしいと放送中にカンペで指示されました。この時は、3分ほど話し続けましたが、おそらく視聴者の大半が、「山川キャスターは話が長い」とうんざりしたと思います。

Q なるほど、そんなケースもあるのですね。

A ゲストには「よく頑張った」と労われ、番組後の反省会ではスタッフから感謝されましたが、個人としてのイメージダウンは避けられなかったでしょう。

「イエス」「ノー」で答えさせない

Q　放送中の質問の仕方については、どんな点に注意していますか。

A　「イエス」「ノー」で答えてもらわないことです。一番よくないのは、司会者が長々と自分の意見を伝えた後に、「○○ですよね?」とゲストに聞いたら、「はい、おっしゃる通りです」と一言で返ってくることです。本来であればゲストに語ってもらいたいことを司会者が先に話してしまう、いわゆる「食い気味」状態になってしまうのは避けたい。

Q　イエス、ノーで答えてもらわないためには、どんな質問の仕方が考えられますか。

A　1つは、5W2Hを意識することです。「いつ」「どこで」「誰が」「何を」「なぜ」「どのように」「いくらで」を意識して、質問を広げていきます。特に私がキャスターを務めているのは経済報道番組なので、「いくら」という金額の視点は忘れないようにしています。

あるいは、「どう思いますか」や「どう受け止めますか」などと、大雑把な質問をします。これは、ゲストの意見を強引に誘導しないという目的でも使います。

Q 確かにイエス、ノーで答えさせている時には、司会者が誘導していて、「言わせている」と感じる時があります。

A ゲストに分かりやすく説明してもらいたい時には、あえて素朴な質問を投げかけることもあります。「このキャスターは大丈夫か」と思わせて、丁寧に説明してもらいます。

ただこれはちょっとリスクのある方法です。中には「そんなことも知らないのか」とバカにしたような反応をされることがあります。この方法を使えるのは、ゲストの性格をある程度把握していて、「この人は、こう質問したら、丁寧に返してくれるはずだ」というお互いの信頼関係がある時に限ります。

とにかく司会者は知ったフリをしないことです。自分の実力以上のことを見せようとすると、画面を通してすぐに分かります。

Q キャスターが謙虚にゲストの話に耳を傾けるのはいいのですが、時々、「一方的に意見を言わせ過ぎだろう」と感じる時もあります。

A そこはキャスターとしての資質が問われるところです。さすがにこのままでは主張が偏ったままで番組が終わってしまうと感じた時には、ゲストに「一方でこんな見方もありますが」と言って、バランスを取ろうとします。

例えば、イスラエルによるガザ地区への侵攻については、パレスチナ寄りの発言をする人もいれば、イスラエル寄りの発言をする人もいます。宗教上の理由が絡んでいる時は特にやっかいなので、意見が偏らないようにしています。

Q 歴史や宗教の問題が絡む時には、特に気を使いますよね。

A

これとは別に、根源的な質問を投げかけて、バランスを取ろうとする時もあります。

「そもそも円安って、企業にとってプラスなのでしょうか」といった質問です。時々、「円安は日本企業の収益にとってプラスである」という前提で話が進むことがあります。しかしそれは輸出を手掛けているグローバル企業の話であって、実際には、円安で資材や燃料費などが高騰して苦しんでいる中小企業も多い。日本の会社の9割以上は中小企業です。大企業ばかりを意識したような話の展開にならないよう心がけています。

Q

キャスターが時々、意図的に相手を挑発して、本音を引き出すシーンも目にします。

A

これは、雑誌の取材の時などに、よく使う手です。人は怒った時に本性が出るのは確かです。ただ、テレビではキャスター自身も映っていますから、「このキャスターは意地悪な人だ」と、一部の視聴者には映ってしまうことを覚悟しなければなりません。

台本は詰め込まない

Q 普段何気なく見ていますが、キャスターはゲストと常に心理的な駆け引きをしているのですね。ところで、山川さんが出演している番組の台本はどんな構成になっているのですか。

A テレ東社内では、私が出演する番組の台本はかなり大雑把なことで知られています。相方のキャスターが図表などを説明するための原稿は台本に記載されていますが、私が質問するところは通常、「山川　質問」「ゲスト　答える」と書いてあるだけです。

Q 山川さんに一任されている。

A はい。初めて出演するゲストには、「これが台本の最終稿ですか？」と半ば呆れられることもあります。これは番組によって方針が異なりますので一概に言えませんが、通常はゲストに番組スタッフが事前にヒアリングしたうえで、台本に司会者の質問案と、ゲストのコメント案がおおまかに記載されていることが多いです。

ただ、私の場合、できるだけ予定調和で進むことを避けるために、詳細を書き込まないようにしてもらっています。もちろん、ゲストにスタッフがヒアリングした内容は、事前にメモとして私に渡されていて、頭に入れたうえで本番に臨んでいます。

Q ということは、山川さんは本番中、ほとんど台本を見ない?

A はい。だいたい20分くらいの特集で台本に目を落とすことはほとんどありません。大雑把な流れは頭に入れてあるので、それを頼りに進行します。

あえて言えば、固有名詞やデータを紹介する際に、正確を期すために紙に少しだけ目を落とすことはありますが、それ以外は見ません。本番中は、ずっとゲストの方を向いていて、発言に相づちを打ったり、即座に切り返したりすることに集中しています。

Q それだと、時間が予定よりオーバーしたりして、進行が混乱しませんか。

A 話が盛り上がれば、台本の途中で時間切れになってもいいと思ってやっています。それに時間管理という点では、相方のアナウンサーもいますし、フロアに信頼できるスタッフもいます。時間が押したり、重要な部分を端折ったりしていた場合には、私にカンペで伝えてくれます。

Q 番組が始まる前の打ち合わせはどんな感じですか。

A こちらも大雑把です。「今日の特集はパート1からパート3までの3本立てで、それぞれ10分ずつくらい」と言って、それぞれのパートのテーマを簡単に説明するくらいです。

打ち合わせの段階で、あまり詳しく聞いてしまうと、ゲストが既に話した気になってしまい、本番で同じ内容を話してもらえないことがあります。それに私も一度打ち合わせの段階で聞いてしまうと、本番で自然な反応ができなくなるので、打ち合わせは必要最小限にとどめることにしています。

Q 一方、テレビ番組では現地でインタビューや取材をしたり、街録をやったりして、VTRにまとめる仕事があると思いますが、そこではどんなことに気を付けていますか。

A まず事前に調べられることはできるだけ調べて、質問を組み立てます。そもそも取材対象に「勉強していないなあ」と思わせるのは失礼です。事前に調べたうえで、どのあたりを詳しく聞けば、話が面白くなりそうか、ある程度のあたりを付けて臨みます。

Q 事前の準備を怠ってはいけないということですね。

A はい。それに事前に一通り調べておくことは、その場でニュースを察知するうえでも重要です。例えば新聞記者であれば、相手の話のどこまでが既に報道されていることで、どこから先が新しい情報かを嗅ぎ分けなければ、仕事になりません。

テレビの場合、そこまでニュースにこだわるわけではありませんが、それでも相手の話を聞きながら、「これは以前に別のメディアで語っていた内容だな」「これはどこにも取り上げられたことがない内容だな」と判断できなければ、いい取材はできません。

箇条書きの質問も本番では伏せる

Q なるほど。ところで、質問事項は紙にまとめますか。

A インタビューの長さにもよりますが、ある程度、時間をいただいている場合には、想定した質問を箇条書きで紙に書くことが多いです。ただ、インタビューの際には、紙は一切見ません。相手の表情や目を見て話を聞く方が大事です。

Q それだと、質問することを忘れてしまいませんか。

A 細かいことは忘れて構わないと思っています。頭の中にあるのは3つか4つくらいの大くくりの項目だけです。「最初はこのあたりの話を聞いて、次はこのあたりの話を聞いて」と大雑把な流れだけは忘れないようにしています。あとは出たとこ勝負です。相手の話を聞き、表情を見ながら、行間を読みつつ、臨機応変に質問を決めていきます。

Q そうしないと、面白い話を聞き逃してしまうから。

A はい。箇条書きの細かい質問の流れを意識していると、せっかく相手が面白い話をしているのに、それに反応できずに、次の質問に移ってしまいます。大事なのは、相手の質問の中から、次の質問のヒントを掴むことです。

Q 確かに、記者の中には、相手が何を言っても、あらかじめ決めておいた次の質問に移るような、かみ合わない質疑を繰り返す人もいます。

A そうすると、相手も乗ってきません。インタビューはその人の体から湧き出るものを話してもらうことが大事です。「ああ、この人は分かっているなあ」「自分の話を面白がって聞いているなあ」と思われて初めて、心を許して本音の話をしてくれます。そのためには話す相手の目を見ている時間が長くなくてはなりません。

Q 箇条書きのメモにしょっちゅう目を落としていたら、そんな空気はつくれませんね。

パソコンを開きながら話を聞くのは？

A よくパソコンに相手の発言を入力しながら質問する人がいますが、私はあまり感心しません。そうした記者からは、「キーボードを見ずに入力しているので、相手の目は見ている」と反論が返ってきそうですが、話す側はどうしても気が散ります。

そもそもパソコン越しに取材しているような記者は、取材先から顔と名前を覚えてもらえません。記者の仕事の1つは人脈を築くことです。効率を優先して、人脈強化を軽視するような記者は長い目で見て、結果を残せません。記者会見のように複数の記者が質問している場合は別ですが、1対1で取材している時には、パソコンを開くのはやめた方がいいです。

Q ICレコーダーで録音するのはどうですか。

A 相手に了解を取ったうえで録音するのは構いません。私はたいていの場合、「正確を期すために、録音させてください」と断って、ICレコーダーを置きます。ただこれも取材の内容次第です。本当に極秘の情報を聞き出そうとする際には、相手の警戒を解くためにも、ICレコーダーを使わずに聞くことが多いです。

Q いずれにせよ、メモに書いた質問項目を順番に読み上げているようでは、いい取材も、ニュースを取ることもできないということですね。

A ニュースというのは、それなりに戦略を持って取材に臨み、相手と駆け引きしながら、ここぞという時に、さりげなく聞き出すものです。相手からとっておきの情報を聞き出すうえで、山川さんには、得意技はありますか。

Q

本音を引き出す駆け引き

A

得意技と言えるほどのものではありませんが、本当に聞き出したい話は、ある程度、会話が温まってきて、自分を信用してもらった後に聞くことにしています。

しかも相手が少し油断している時がいい。私の場合、雑誌では取材を終えて写真撮影をしている時や、テレビでは最後に現場の映像を撮らせてもらっている時などは1つの機会です。取材を終えて一息ついたあたりに、「さっきの話ですが」と言って、実は一番聞きたいことを聞き出します。

Q 帰り際に質問する「刑事コロンボ」の手口ですね。

A これはちょっと自分の手の内を明かすことになるので、あまり知られたくなかったんですけれど(笑)。

Q 他にも相手の本音を引き出すために、使うテクニックはありますか。

A ちょっとした聞き方の違いによって、本音が垣間見えることはあります。例えば「あなたはこの商品が好きですか」と聞くよりは、「あなたは自分の友人にこの商品を薦めますか」と聞く方が、本音は出やすいです。自分が好きか嫌いかは自分の主観ですが、友人に薦められるかどうかは、ある種の責任が発生します。その分だけ、本音を話す可能性が高まります。

Q 聞き方1つで、相手が本音で話そうとするか、建前でかわされるかが変わってくるわけですね。

A ニュースを追いかけている時などに我々がよく使うのは、「この会社と合併することは絶対ないですか？」と言った聞き方です。こう聞くと、正直な人は

「絶対とは言い切れない…」などと言い淀みます。そうした言葉のキャッチボールをしながら、自分の仮説に脈があるかどうかを確認していきます。

仮説を崩せる人、崩せない人

Q ところでロケやインタビューに臨む際には、ある程度、事前にVTRにどう反映させるか、ストーリーは描いているのですか。

A テレビでそれを担当するのはキャスターというよりも、担当ディレクターの役割です。

ディレクターは通常、想定台本を用意してロケに臨みます。仮の台本がなければ、キャスターとしてはディレクターが何を望んでいるのか分かりません。それにロケにはカメラや音声など様々な役割の人が同行します。チームとして情報を共有するためにも、想定台本があった方が望ましい。その意味では、デイレクターは仮説力が問われます。

Q 確かに、まだ取材する前ですから、想像力を膨らませないと、台本は書けないですね。

A とはいえ、仮説は仮説でしかなく、むしろ取材で崩れる方が望ましい。そもそも「会話」という文字は、「話に出会う」と書きます。ロケや取材に行くのは、新しい話や出来事に出会うのが目的です。自分が想定した以上の話に出会ってこそ、現地に行った醍醐味を味わえます。

Q 事前に描いた仮説通りだったら、取材に行く意味がありませんからね。

A そこまで言うと、ちょっと言い過ぎかもしれません。仮説通りだったとしても、仮設が正しいかどうかを検証するのも取材の意義です。しかし現地で自分が予想した以上の話を聞けたり、予想を覆すようなことが起きていたりする時が一番楽しい。

Q 自分の想定を超えた話を聞けた時が最も幸せだと。ただその一方で、メディアへの批判としてよく目にするのが、最初からストーリーを決めていて、強引にはめ込むケースです。

A 残念ながら、そうした問題が起きているのは事実です。

よくあるのが、あらかじめ決めておいたストーリーに都合のいい部分だけを残して、その前後を切り取って使うケース。また、もともとはめ込もうとしていることがあって、それを強引に取材先に言わせようとするケース。さらに、相手がせっかく自分の仮説とは別のもっと面白い話をしてくれているのに、そこは無視するケースです。

自分のストーリーに固執しない

Q それで取材先とトラブルになることもありますね。

A これは新聞や雑誌の記者にもテレビのディレクターにも言えることですが、どうしても一度作ったストーリーから抜け出せず、頑なにそれを貫き通そうとする人がいます。得てして、そういう人は取材先とトラブルになります。私もいろいろな組織を経験してきましたが、不思議と取材先とトラブルになる人は決まっています。

Q なぜ、そういう人はトラブルメーカーになるのでしょう。

A これは正直なところ、生来持っている資質や性格によるところが大きいです。その場の空気が読めず、相手が言っていることのニュアンスが読み取れない。編集上「ここまでは切り取って使っても大丈夫だけど、これ以上切り取ったら、本人の話している意図と違ってくる」といった見極めがつかないのです。

Q 組織としての問題もあるのでは。

A そうですね。デスクが頑固で、取材した本人が「違う」と言っても、最初のストーリーに固執するケースもあります。組織内での発言力が乏しい若手記者ほどそれに押し切られてしまいがちです。

あと、テレビの場合は気の毒なところもあります。テキスト記事に比べて、映像編集は時間がかかります。最初に想定したストーリーを大きく崩すと、後工程に迷惑がかかってしまい、放送まで間に合わなくなってしまうので、想定台本通りにはめ込んでしまうことが多いのです。

Q とはいえ、取材される側としては、「切り取り」や「はめ込み」はやめてほしいですよね。

A おっしゃる通りです。結局、一番大事なのは仕事に対する姿勢です。せっかく相手は忙しい中、時間を割いてくれているのですから、それをどこまで忠実に反映できるか。それが記者やディレクターの腕の見せ所です。

本当に優秀な記者やディレクターは柔軟性があります。限られた時間の中でも、現地で面白い話に出会えば、それを反映させようと、最後まで努力します。長い目で見ると、そうした人たちはどんどん力を付けていきます。

Q せっかく相手が面白い話をしてくれたのだから、少しでもそれを反映しようとギリギリまであがく。そんな執念を持った人が、結局、いいコンテンツを作れるということですね。

A そう思います。その意味では、聞くスキルで最も大切なのは、相手の話の面白いところを嗅ぎ分ける感性と言えるかもしれません。同じことを聞いていても、それをどこまで感じ取れるかは人によってずいぶん違いますから。

Q 確かに、複数で取材に行って同じ話を聞いていても、受け止め方はずいぶん違いますね。

A 雑誌の編集長やデスクをやっていた時には、できるだけ記者に「取材はどうだった」と聞くようにしていました。その際、よくあったのは、記者が2人で取材に行っていて、1人は「いい取材ができました」と興奮して言うのに、もう1人は「イマイチでした」と報告してくることです。

　よく聞いてみると、面白く書けそうな話をたくさん聞いているのに、本人が気づいていない。その意味では、我々の仕事は、面白いものを面白いと思える感性が絶対的に求められている仕事だと思います。

Q ここまで、主にテレビや新聞、雑誌における聞くスキルについて、話をうかがってきましたが、これも仕事やプライベートの様々な場面において、共通することが多いですね。

A 聞くという行為は、その人の性格が最も正直に出るところです。話す時や書く時に比べれば、周囲に見られていないと思ってつい油断してしまいますが、その人の本性や能力がそこに凝縮されています。決して、気を抜いてはいけません。

第11章

Write
雑誌編集長の書く技術

「真っ赤」にされた経験

Q ここからは書くスキルについて、聞いていきたいと思います。山川さんは「日経ビジネス」に長く在籍して編集長も務めました。むしろ書くことは本職と言ってもいい。

A そうですね。日経ビジネスには1995年4月から2023年9月まで在籍しましたから、28年あまりお世話になりました。テレビの仕事に軸足を移してからおよそ10年が経ちますが、今でも書籍や雑誌などの執筆は続けています。その意味では書くことの経験は長いし、思い入れもあります。

Q 駆け出しの頃はどんな記者だったのですか。

A まったく書けませんでした。いや、本当に編集長やデスクに書いた原稿を、見るも無残なほどに真っ赤にされていました。日経BPに入社して日経ビジネスに所属する前に、3年ほど「日経ロジスティクス」という物流専門誌の編集部に所属しました。最初に書いた1ページの署名原稿では、自分の書いた文章は3行しか残りませんでした。

Q 3行ですか。

A はい。雑誌の1ページですから、結構長い記事です。400字詰めの原稿用紙にして3枚程度の分量になりますが、それで残った文章はたったの3行です。

　専門誌の小さい編集部だったので、その時は編集長が直々に筆を入れてくれたのですが、私の書いた原稿の大半に赤い線が引っ張ってあって、その上に修正した文章がぎっしりと書き込まれていました。当時はまだワープロだったので、修正された文章を入力すると、文字数がピッタリと収まって、「これぞ職人芸」と驚嘆したことを覚えています。

Q たった3行しか残さないのなら、最初から編集長がワープロで打ち込む方が早い気もしますが。

A おそらくそれが教育の一環だったのでしょう。後日、その号が発行され、担当取締役に「山川君、最初から素晴らしい原稿を書くねえ」とニコニコしながら言われた時には、どう返していいか分かりませんでした。私もこの業界に入ったわけですから、それなりに書くことには自信がありました。

しかしこの一件で完全に鼻をへし折られました。当時のデスクも、編集長に勝るとも劣らないほど赤字を入れる人で、以来、真っ赤な直しと格闘する日々が続きました。

Q それなりに自分の原稿が残るようになるのは、どのくらい経った頃でしたか。

A デスクに出した原稿を突き返されずに受け取ってもらえるようになったのが1年くらい経った頃からです。

Q 1度でデスクのチェックを通過するのが大変だったんですね。

A デスクに原稿を出して、待っている時間が苦痛でした。寝不足でフラフラになっている時に、書き直しを命じられるのはつらいですから。ただ、振り返れば、そのくらい厳しく指導してもらったからこそ、今の自分があると思います。日経ビジネスに転属した後、比較的、短期間で戦力になれたのは、この下積みがあったからです。

Q 今は電子編集が主流で、紙に印刷して、赤字を入れるという文化がほとんどなくなりました。多くの若い記者は真っ赤にされるという経験を味わったことがないでしょう。

A 電子編集でも修正履歴は残るので、デスクに「どこをどう直されたのか」を見ようと思えば可能なのですが、忙しい中でそこまでやっている記者は少数でしょう。それに、やはり紙に直接、赤字を入れられるのは、自分では完成原稿と思って提出した原稿をズタズタにされるわけですから、受ける衝撃が違います。先ほど話した3行しか残らなかった原稿の内容は今でも覚えています。

Q そうした経験って、大事ですよね。

A 今ではパワハラで訴えられそうですが、当時は違う部署に「お前の原稿は目が腐る」といって、ごみ箱に放り投げるデスクもいたと聞いています。若手の記者同士、そんな話をして「自分はまだマシだ」と慰めあっていました。

Q 今でも、厳しいデスクはいるのでしょうか。

A はい。いわゆる鬼デスクは存在します。私が日経ビジネスの編集長をしていた頃にも、何人かのデスクは、記者の原稿を何度も突き返していました。記者はそのデスクに原稿を出す時は極度に緊張していました。やはりそんなデスクがいないと良い記者は育ちません。

Q 最初から自分が書いた原稿があっさりと通ってしまうと、「これでいいんだ」と勘違いしてしまいますからね。さて、あまり昔話をするのはよくないと第8章で話しました。ここからは、具体的な書く技術について掘り下げましょう。山川さんは書くスキルを磨くには、どんなところから入るのがよいと考えますか。

A 文章の長さにもよります。X（旧ツイッター）に書き込むくらいの分量であれば、面白いと思った話から書き始めればよいわけで、それほど文章の構造を意識する必要はないでしょう。それよりもう少し長いものであれば、新聞記事が参考になります。特に仕事に生かそうとするなら、まず新聞記事の構造を研究することをお勧めします。

新聞記事は逆三角形型

Q それはなぜですか。

A 新聞の原稿は重要な内容から順に並んでいるからです。

新聞記事は最も重要な結論を最初の段落に書きます。長い記事の場合、それがリード（前文）になります。そして次に大事なことを次の段落に書き、それ以降は大切な順に補足説明をしていきます。

例えば野球の記事だったら、まず試合結果を書き、その後、得点の入ったシーンや選手のプレーぶりを書きます。これを時系列で初回から順番に書いたら、どうなりますか。

一番知りたい試合結果の情報が最後になってしまう。

そうです。だから、一番重要な情報を最初に書く。主にニュースを扱いますから、「いつ」「どこで」「誰が」「何を」「なぜ」「どのように」といった具合に、いわゆる5W1Hを意識しながら書きます。日本経済新聞の場合、経済紙ですから、これに「いくら（How Much）」、つまり金額の情報を加えた5W2Hと言った方がいいかもしれません。我々はこうした原稿のスタイルを「逆三角形型」と呼んでいます。

一番重要な内容が最上段に乗っかる形になるから、逆三角形型と言いますね。

なぜ新聞はこのようなスタイルになっているのでしょう。

記事を最後まで読まなくても、見出しと前文を読めばニュースの概要が分かるからです。

また、削る時には、後ろから削っておけば、意味が通ります。新聞は版を重ねるごとに、新しいニュースが飛び込んできて、最初は大きく扱っていた記事が次第に文字数を削られて、最後は、いわゆるベタ記事になることもあります。そんな時、デスクや整理部の人が削りやすいように、そういう構成にすることが約束事になっているのです。

Q それがなぜ、ビジネス文書と相性がいいのでしょう。

A 仕事の現場では、忙しい人ほど、文書を最後まで読む時間がありません。例えば3ページある報告書を最後まで目を通す人は少ないでしょう。意思決定すべきことは、だいたい最初のページを読んで判断します。もっと忙しい人は最初の数行でしょう。だとすれば、重要なものほど先に書くのが理にかなっています。そういうスタイルになっているのが新聞の逆三角形型です。

Q 第2章の話し方のところでも、「人は最後まで話を聞かない」と言いましたが、それは書き方でも当てはまるわけですね。つまり「人は最後まで報告書を読まない」。

A はい。これはあらゆる仕事の現場に当てはまります。例えば、企業が広報活動の一環として発信するプレスリリース。これも逆三角形型で書かなければなりません。

プレスリリースは一般的に、企業が新商品や新規事業などをメディアに取り上げてもらうことを目的に作成します。ただ一方のメディアの現場には、毎日、何十、何百枚というリリースが送られてきます。正直なところ、どれに目をとめて、取材対象とするかは、タイトルだけで判断します。読んでもせいぜい最初の数行のリードくらいでしょう。それよりも後に、どんなに興味深い内容が記載されていても、まず読んでいる人は少ないと思います。

「旬サイ、寒ブリ、ハツ鰹」

Q 記事になるかどうかはリリースの最初の数行で決まるということですね。

A はい。私は仕事柄、よく企業の広報担当者向けに講演をすることがあるのですが、いつも話す「持ちネタ」があります。「旬サイ、寒ブリ、ハツ鰹はメディアの好物」というものです。

Q どういう意味ですか。

A 「旬菜、寒ブリ、初鰹」は、いずれも季節の食材を示す表現ですが、新聞記者やビジネス誌の編集者、テレビの報道関係者などが好物にしている言葉とかぶっているんです。ニュースでは「最」「ぶり」「初」という言葉がしばしば出てきます。

例えば「NYダウが（最）高値更新」「賃上げ率30年（ぶり）高水準」「ホン

ダ（初）のEV専用工場が稼働」といった具合です。つまり、「旬サイ（最）、寒ブリ（ぶり）、ハツ（初）鰹」というわけで、メディアに携わる者は、この3つの言葉を好んで見出しに使います。

Q この言葉が付くと、ニュースの価値が高いという印象を与えることができますね。

A そうです。メディアはそのニュースを取り上げる社会的意義を求めます。だとすれば、プレスリリースのタイトルや冒頭には、できるだけ、「旬サイ、寒ブリ、ハツ鰹」を盛り込むと効果的です。

Q リリースに3つの言葉のどれかが入っていれば、報道関係者の目に留まりやすい。

A それに先ほども申し上げましたが、新聞は版を重ねるごとに、新しいニュースが飛び込んでくるため、もともとあった記事を削る作業が発生します。この時にも、3つの言葉が見出しに入っていると、デスクは記事を削りにくい。

テレビの報道番組も同じで、生放送で時間が押してくると、放送するニュースの本数を減らし、時間を捻出します。その際、どのニュースをボツにするか。ここでも3つの言葉が入っていれば、防波堤になります。

Q なるほど、リリースを読むのはメディアの人たちです。相手の立場になって考えれば、どんなタイトルや前文が理想なのか。それがよく分かります。他にもありますか？

相談、プレゼンはPREP法で

A 逆三角形型とは別に、もう1つ身に付けてもらいたいのが、第6章の話す順序で詳しく説明したPREP法です。

Q 「Point（結論）」→「Reason（根拠）」→「Example（具体例）」→「Point（結論）」の流れで情報を伝える文章構成のことですね。

A はい。PREP法をお勧めするのも、結論を先に伝える構造になっているからです。これは上司へのメールでの報告・相談や社内でのプレゼンテーション、顧客向けの営業提案などビジネスシーンのあらゆるところで応用が利きます。

Q 例えば？

A 雑誌の編集部の例をとりましょう。上司への相談メールであれば、「原稿の締め切りを明日まで延ばすことは可能でしょうか」と相談事の結論を書き、「まだ原稿を良くするために取材が不足しているところがあります」と理由を説明し「A社の取材が既に入っています」と具体例を示します。

そしてもう1つ「1日延期しても制作の後工程が困らないようです」と理由を説明し、「担当デスクと校閲担当者は明日、対応できる時間があることを確認済みです」と具体的なことを書き添えます。そして「申し訳ありませんが、1日延期させていただいてよろしいでしょうか」と改めて、結論を伝えます。

Q なんか、雑誌の編集部でしょっちゅう繰り返されている出来事ですね。

A はい。ただこれ1つとってみても、うまく相談を持ちかける部下とそうでない部下がいます。こう理路整然と書いてくれれば、普通は「おお、そうか」と受け入れるのですが、要領を得ない説明をする部下だと、「お前、結局、原稿を書き始めるのが遅かっただけだろう」と返信したくなります。

Q ……そう聞くと、ＰＲＥＰ法は大事ですね。

A 社内向けのプレゼンテーションで言えば、「特集のタイトルはA案とB案があるのですが、特集チームとしてはA案の方が望ましいと判断しました」と結論を伝え、その後に理由・事例1、理由・事例2と続け、「よって特集チームとしては、A案の方が優れていると考えていますが、いかがでしょうか」と結びます。

Q なるほど、これも分かりやすい。こう考えると、ビジネスにおける報告や相談、プレゼンテーションのほとんどは、ＰＲＥＰ法で事足りるような気がしてきました。

A そう思います。イメージとしては、新商品や新規事業など、取り組むことが明確なものを伝える際には、５Ｗ２Ｈを冒頭に持ってくる逆三角形型、上司や顧客に相談や提案をする際には、ＰＲＥＰ法を参考にすると、スッキリとした文書になるでしょう。

Q いずれにせよ、「起承転結」のように、物語を読み進めるための構成は、仕事の現場には向いていないということですね。

A 起承転結は相手がその文書を最後まで読むだろうという前提があって、初めて成り立ちます。

小説などはそうした構成でいいのですが、忙しい人を相手にしている場合、回りくどい表現方法となってしまいます。そして、ビジネス文書だけでなく、我々が書くような雑誌の記事でも、ＰＲＥＰ法が適していると思います。忙しい読者は必ずしも最後まで読んでくれません。タイトルや最初の数行で判断するという意味では、同じです。

Q 確かに、筆者が「ああでもない、こうでもない」と書いて結論のはっきりしない原稿は、ビジネス誌の記事には向かないかもしれません。

トヨタの記事をPREP法で書いてみる

A 例えばPREP法を例にとって、「トヨタ自動車はEV時代に勝てるか」という題材で企画記事を書くとします。

Q おっ、それは興味のあるテーマです。

A 自分なりに納得がいくまで取材した結果、「トヨタは将来、電気自動車（EV）で勝ち抜くことができるだろう」と判断した場合、記事の構成は例えばこうなります。

「トヨタは現在、EVで出遅れているが、2030年代には巻き返しているだろう」と結論を書き、その理由として「現在の主流であるリチウムイオン電池に取って代わる可能性を秘めた全固体電池の技術特許を持っている」「ＥＶが売れているといっても、ハイブリッド車も同じような勢いで売れている」「アメリカが再びトランプ政権になる可能性がある。その場合、バイデン政権が掲げるＥＶ優遇策が撤回される」といった根拠を列挙し、「よってトヨタがＥＶで巻き返すための実力と時間は十分あり、30年代には遅れを取り戻すだろう」と結びます。

Q 主張がはっきりしていて、分かりやすいですね。

A もちろん、トヨタがＥＶで勝てるかどうかの見方は分かれます。結論を弱めるようなファクトを列挙すればこうなります。

「現状では、アメリカのテスラや中国の比亜迪（ＢＹＤ）などが特に基幹部材であるバッテリーのコスト競争力では圧倒している」「中国市場ではガソリン車からＥＶへの移行が急速に進んでいて、日本勢のシェアが低下している」「最近、ダイハツ工業などトヨタグループにおける品質不祥事が相次いでいる」といった具合です。

Q だんだん、トヨタは大丈夫か、という気がしてきました。

A どんなテーマでも、取材を進めたり、資料を分析したりすれば、結論を強める要素と弱める要素があります。しかし記事を書く際に、PREP法を意識していないと、両方を羅列することになり、読者からすれば「筆者の主張は一体どっち?」という原稿になってしまいます。まずはPREP法で主張を明確にしたうえで、「押さえ」として、結論を弱める要素を挿入していくのが、記事を書くうえでの1つのテクニックです。

Q PREP法で書くと、主張が分かりやすいのはいいのですが、「結論ありき」の文章と受け取られることはありませんか。

A その懸念はあります。あまりにも結論に都合のいい要素だけを盛り込んで、相反する要素を排除すれば、そうした印象を持たれるでしょう。ですから、結論を弱める要素も全体の主張を崩さない形で、上手に挿入することがとても大事なことです。

Q 第10章の聞く技術のところでも出ましたが、記事を書く際も、最初から仮説があって、その仮説に固執するような「決め打ち」の姿勢はよくないということですね。

A そうです。結局、最後は自分の腹に落ちるまで、いかに取材を重ねるかにかかっています。そして、取材の過程で、自分が想定していた仮説が崩された場合、いかに柔軟に軌道修正できるかです。

Q いい記事を書けるかどうかは、最後は取材量と、取材で得た情報をどう分析するかにかかっていると。

A そう思います。私はそれなりに大型の企画記事を執筆する際には、その前のルーティーンとして、取材ノートから、特に面白いと感じた事実、データ、取材相手のコメントを抜き出して箇条書きにし、それとにらめっこする時間を設けることにしています。

そのうえで、自分が書こうとしている記事のタイトルや全体を通した主張が間違っていないか、自問自答を繰り返します。結論が出ない場合には、まだ取材が足りないと考えて、追加取材をすることもあります。

Q 両論併記で逃げるのはダメですか。

A どっちつかずのタイトルや主張は、自分の性格には合いません。それに現実問題として、雑誌の企画は歯切れの良さを求められます。

媒体ごとに違う「掴み」のテクニック

Q 確かに、どっちつかずの企画では読まれませんし、反響も得られません。ところで、ここまで文章の構成として、逆三角形型とPREP法が参考になるという話をしてきましたが、当然、文章も「掴み」が大事ですよね。

A もちろんです。テレビ、新聞、雑誌、ネットと、どの媒体でも、文字にする際には、掴みには全力を注ぎます。例えば雑誌で言えば、4ページくらいの企画記事は、タイトル、リード（前文）、最初の見開きに出てくる写真やグラフなどのインパクトでほぼ読まれるかどうかは決まります。

Q せっかく内容的にはいい記事なのに、掴みに工夫がなかったばかりに、読まれないことはよくあります。

A 新聞について言えば、少し前までは新聞記者は見出しには無頓着なところがありました。どの記事がどれだけ読まれたか、細かくデータを取る仕組みがなかったからです。

しかし最近は状況が変わってきました。ほとんどの記事を電子版に流すので、タイトル次第でアクセス数が大きく変わってきます。そのため多くの記者が、自分の記事の見出しに凝るようになりました。社説ですら、それがいいかどうかは別として、いわゆるキャッチーな見出しを使うケースが増えています。

Q 確かに電子版の影響は大きいでしょう。タイトルをクリックしてもらえなければ、読んでもらえないわけですからね。

A しかもアクセスランキングなどで、どの記事が読まれているか示されるようになっています。そこで上位に来ればさらに読まれるので、ますます見出しに力が入ります。

Q テレビについてはどうですか。

A 新聞のラテ欄と呼ばれる番組表や、テレビのリモコンボタンを押したら出てくる電子番組表の文言には力を入れます。そこにどれだけ視聴者に見たいと思わせるタイトルや出演者の名前を盛り込めるかが、視聴率に大きく影響します。

あと放送中の画面の隅に出す文言にもこだわります。キャッチーな言葉が目に飛び込めば、視聴者がそこでチャンネルを止めてくれる可能性が高まりますから。

Q ネット配信においては、いかがでしょうか。

A 配信動画を作る際には、サムネイルと呼ぶ画像に全力を注ぎます。そこで読みたいと思わせるタイトルや画像を用意しなければクリックしてもらえません。

Q クリックしてくれなければ、そもそも戦いの土俵にも上がることができません。掴みに凝りすぎるのは邪道であって、中身で勝負すべきだという考えもあると思いますが。

A もちろん、あまりにも見出しと実態がかけ離れていて「看板倒れ」になっているケースも見かけます。ネット記事などは、クリックして読んでみたら、ほとんど内容が記されていない、いわゆる「カラ見出し」になっていることもあります。

こうした読者を欺くような姿勢を続けていると、やがて信用を損ないます。とはいえ、掴み次第で、読まれ方が大きく変わるわけですから、そこに注力することを否定するわけにはいきません。

Q せっかくいい内容の記事を書いているのに、掴みが弱かったばかりに読まれなかったとしたら、もったいないですからね。

A そう思います。私は日経ビジネスの編集長時代、「ちゃぶ台返しの山川」と呼ばれていました。締め切りぎりぎりのタイミングでも、しばしば大きな変更を現場に強いたからです。特に表紙のタイトルやデザイン、特集ページの構成や見せ方にはこだわりました。

Q 締め切りの間際に大きな変更を命じると、現場に負担がかかります。そこに迷いはなかったのですか。

A 正直、気持ちがぐらつく時はありました。特集をやっている記者たちはほとんど寝ていません。そこに大きな変更を強いれば、さらに現場を追い込むことになります。

しかしそれでも変更を命じたのは、記者たちの苦労をムダにしたくなかったからです。日経ビジネスの特集は通常、企画立案から出稿に至るまで2か月以上かけて完成させます。複数の記者が取材を重ね、議論をし、何度も書き直して創り上げます。その原稿を少しでも多くの人に読んでほしい。そう考えて、変更を命じていました。

書けない時の最終手段

Q 掴みにこだわるということは、それまでの苦労をムダにしない、ということなのですね。

A 第1章でテレビ番組は駅伝をやっているようなものだと言いましたが、それは雑誌にも当てはまります。

雑誌の場合、表紙のデザインや特集タイトルの善し悪しが、読者に手に取っていただけるかに大きく影響します。特集と表紙がダメだと、他の企画記事やコラムも読んでもらえません。つまり特集は箱根駅伝で言えば、エースが集う2区のようなものです。そう思って、最後の最後まで少しでも磨き上げようと努めていました。

Q 厳しい要求をしていても、そうした編集長の思いは、現場に伝わっていたのではないでしょうか。ところで話は変わりますが、山川さんは、どうしても原稿が先に進まない時には、どうしていますか。

A 原稿の執筆って、本当に苦しい作業ですよね。すいすいと書ける時もあれば、全然先に進まないこともある。数行だけ書いたら最初に戻って読み返して、数行を削除してまた少し書いたら読み返す。そんな無間地獄に陥ることがあります。こんな時にはまず、そもそも取材が足りない、と考えるようにしています。

Q 書けるネタが少ない。

A はい。そもそも取材で面白いと感じた素材がたくさん集まっていれば、書くのにそれほど苦労しません。書けない時には、まだ取材が足りていないからこそ、頭が整理できていないことが多い。だから、時間に余裕があれば、追加取材をするようにしています。

Q しかし、余裕がない時も多いですよね。

A でも、一度取材した相手と電話番号やメールアドレスでつながっていれば、意外とギリギリまでやり取りできるものです。相手は自分がどう書かれるか気になっていますから、大抵の場合、連絡すれば、懇切丁寧にいろんな話をしてくれます。しかも、既に執筆の途中だから、問題意識が明確になっていて、的を絞った質問ができます。

Q どうしても連絡が付かない場合にはどうしますか。

A あとは、書き方のテクニックに走ります。私の場合、本来、必要な文字数の5分の1くらいのサマリーを書いてから、そこに肉付けしていくという方法をとることが多いです。最初から順番に緻密な文書を書くのでなく、まず骨格を作るといったイメージです。

あるいは、前文を書いたら、次はエンディングを書き、終わり方を明確にしてから、その間を書き込んでいくという方法も使います。

Q 一から順番に書いていくと、途中で既に分量オーバーになってしまうことがよくあります。ネット記事のように、分量の定めが厳格ではない場合はそれでも構いませんが、雑誌の原稿だと文字数制限が厳格なので、その対策としてもいいかもしれませんね。

A あと、疑問形式で書いてから、後で清書するという方法もあります。

Q どういうことですか。

A 執筆する自分と、もう一人の質問する自分がいて、その質問にQ&A形式で回答していきます。

先ほどの「トヨタ自動車はＥＶ時代に勝てるか」という題材を例にとると、「ねえ、トヨタはＥＶで勝てると思う?」↓「確かにトヨタは現在、ＥＶで出遅れているけれど、2030年代には巻き返していると思うよ」↓「なぜ?」↓「現在の主流であるリチウムイオン電池に取って代わる可能性を秘めた全固体電池の技術特許を持っているからだよ」↓「他にも理由がある?」↓「ＥＶが売れているといっても、ハイブリッド車も同様に売れている。その状況は当分、続くと思うよ」といった具合に話し言葉で書き進めていきます。そしてQ＆Aが完成した後に、普通の文体に直します。

Q なるほど。確かに「です・ます調」の会話形式で書く方が、スラスラと書き進められるような気がします。

A それに、文章というのは、読者の「なぜ？」という疑問に答えていくという側面がありますから、この書き方だと、読者の抱く「モヤモヤ」に寄り添った文章になりやすいという利点があります。

人物モノは、取材対象に憑依する

Q 他にも山川さんが編み出した原稿執筆のコツはありますか。

A 例えば、経営者や著名人など、人物モノのストーリーを書く場合には、その人に乗り移って書くことがあります。

Q 乗り移る？

A 人物モノを書く際には、本人のインタビューに加えて、その人物をよく知る人などに取材を重ねて記事にします。この場合、まず本人になり切って、「○年○月、私にとって人生の転機となるような出来事がありました、それは…」「○年○月、…という苦い経験をしました。この時の挫折が私を大きくしてくれました」「知人の○さんは、こう言ってくれています…」などと、まず本人になったつもりで書いて、出来上がったら普通の文体に戻します。

やってみると、最初から普通の文体で書くよりも、スラスラと書けます。本人になり切って、ICレコーダーに話を録音し、それを起こしてから、執筆を始めることもあります。私はこれを「憑依法」と名付けています。

Q いろいろと、工夫しているのですね。

A みなさんそうだと思いますが、原稿の執筆を長く続けていると、締め切りから逃げ出したくなるような苦しい時があります。いずれもその苦しさの中でやむにやまれず編み出した方法です。

推敲は一晩寝てから

Q ところで、山川さんは原稿を書いた後の推敲はどうやっていますか。

A 私の場合、一晩寝ないと、自分の原稿を客観的に見ることができないので、翌朝に、推敲することを心がけています。

雑誌の記者時代は、長い企画記事を書く際には、必ず推敲の時間を考慮に入れたうえで締め切りから逆算して書き始めるようにしていました。夜中に原稿を書き上げて、会社の近くのサウナで数時間仮眠をとり、最寄りのコーヒーショップで推敲する。そうやって修正したものをデスクに提出するということをほぼ毎週、やっていました。

Q 日付を変えてから新鮮な目で読むわけですね。

A これは人それぞれだと思いますが、私の場合、睡眠から目覚めた直後が一番、集中力があって、推敲の時間には適しています。朝に限らず、日中でも、目覚ましをかけて1時間程度仮眠をとってから、推敲に臨むことがあります。

先ほど言い忘れていましたが、文章が書けなくなった時には、仮眠をとる、というのも1つの方法です。私の経験では、仮に6時間後に提出が迫っていても、1時間程度、仮眠をとる方が結果的に早く書き上げることができ、内容もよくなります。

第 12 章

AI

生成AI時代の伝え方

学生のレポートの分量が増えた理由

Q ここまで書くスキルについて話を聞いたうえで、身も蓋もない質問です。世の中では、ChatGPTに代表される生成AIが広がっていて、自分が伝えたいことの要素を入力すれば、瞬時に文書にしてくれます。こんな時代に、書き方を学ぶ必要があるのでしょうか。

A いつその質問が飛んでくるかと思いながら、ここまで話してきました。確かに生成AIは便利なツールですが、結論から先に言えば、私はむしろ生成AI時代が到来しようとしているからこそ、書くスキルを身に付けるべきだと思います。

その理由はいくつかあるのですが、第1に、生成AIで作成した文書は、結局、分かる人には分かる、ありていに言えば「バレる」からです。相手にそれが分かっても構わないのであれば、効率を優先して使えばいいと思いますが、そうでない場合にはやはり自分で書く能力が問われます。

Q 試験や論文、会社の中でのプレゼン資料、あるいは新聞や雑誌の記事など、やはり生成AIで作ったとなると問題が生じるものは多いですからね。

A はい。最近、番組でお会いした大学の先生が面白い話をしていました。このところ、レポートの課題を出すと、どの学生もボリュームたっぷりに書いてくるそうです。

Q そうなのですか。もしかして、生成AI?

A はい。以前はぎっしりと書けるのは、それなりに勉強している学生に限られたそうです。しかし最近は、あらゆる学生が大量の文字を書き込んでくる。読むのが大変になっているそうです。

Q 生成AIを使ったレポートは、読めば分かるのでしょうか。

A 当然、対策を打っているそうです。例えば、あえて賛否両論が存在するテーマを課題の中に意図的に入れておく。そうすると、現在の生成AIは、結論をあまり1つに特定せず、両論を併記するクセがあって、「その質問に対しては、こういう意見がある一方で、こういう見方もあります」という具合に回答することが多いそうです。学生のレポートが両論併記の傾向が強いと、「あっ、この学生は生成AIを使っているな」と判断がつくそうです。

これは一例で、教授は他にもいくつかそうした対策をとっていると明かしてくれました。当然、学生も生成AIで出てきた回答を自分なりに修正するのでしょうが、教授がそれに気づかないはずがない。

Q なるほど、大学の中では、そうした駆け引きが繰り広げられているわけですね。

AI依存の学生は要らない

A これはいろんな場面で同じことが言えます。例えば就活。最近は生成AIを使えば簡単にエントリーシートを作成できるようになりました。その結果、応募者の増加で企業の負担が膨らんでいます。

Q 学生にとっては、エントリーするハードルが低くなり、たくさん応募できるようになったわけですね。

A はい。就職人気企業ランキングで上位に顔を出すような企業の場合、送られてくるエントリーシートの数は数万通に及びます。それを大量にさばくためにどうするか。企業側も書類選考をＡＩにさせるところが増えてきました。つまり、ＡＩが書いたものをＡＩが審査しているのです。当然、ＡＩが判断するわけだから、どこにでもある月並みな表現で書き込まれたものははじかれます。

Q 結局、ＡＩを使って書いたシートは、選考から漏れてしまう。

A そしてここまでくると、こう思いませんか。ＡＩで書いたエントリーシートで応募する学生を採用するくらいなら、ＡＩを使えばいいじゃないかと。

Q たしかに。

A ここで、書くスキルを学ぶべき2つめの理由が出てきます。それはＡＩに頼っ

ていると周囲から評価してもらえなくなる、ということです。ＡＩ時代が到来して以来、どの仕事はＡＩに奪われ、どの仕事は残るかがよく議論になります。文書の作成という、仕事の基本となる作業をＡＩに丸投げしているような人が、職場で評価されるでしょうか。

私はそうは思いません。

Q ただ、あくまでも生成ＡＩを素案作りに利用するのであれば、よいのではないでしょうか。ＡＩを要領よく使いこなす能力も求められているような気がします。

A もちろんです。私は生成ＡＩを使うな、と言っているのではありません。むしろ仕事における生産性を高めるうえで、これからは積極的に活用を考えるべきでしょう。ただ生成ＡＩに踊らされるな、と言っているのです。

Q 踊らされる？

ＡＩ導入でベテランに脚光

A 最近、企業を取材していてよく耳にする話があります。製造現場でもオフィスでも、ＡＩの活用を広げると、ベテランの存在感が増すそうです。

Q それはなぜ？

A ＡＩの間違いに気づくのはベテラン社員だからです。ベテランは過去に自分で一通りやった経験があるので、ＡＩがやったことの間違いや過不足に気づく。だから迅速かつ的確に修正できます。

ところが新人や若手社員は最初からＡＩに頼っているので、間違いに気づきにくい。例えば、コンピューターのプログラミングの現場では今、生成ＡＩの活用が急速に普及していますが、バグを見つける仕事の現場では、ベテランが活躍しているそうです。最近はどの仕事の現場も、若手が育ちにくいのが、共通の課題となっています。

Q なるほど、若手はＡＩを使いこなしているようにみえて、実はＡＩに踊らされているのですね。

A はい。それと現在のＡＩというのは、過去のデータを大量に学習して、そこから1つの回答を推論することには長けていますが、それはあくまでも過去の経験則に従ったものでしかありません。

しかも現時点ではＣｈａｔＧＰＴが学習しているデータは古いものが多く、最新のものを反映できていない。少なくともそこから導き出した回答に独創性は乏しく、誰もが同じ生成ＡＩを活用しているとしたら、同じことを考えているライバルが大量に出現していることになります。それが企業の戦略立案や、

Q クリエーティブな仕事でどこまで通用するかは疑問です。

A 少なくとも、生成ＡＩに頼った伝え方は、独自性がありませんね。

そう思います。そして、私はさらに根源的なところで、書くスキルを放棄してＡＩに丸投げするのは危険だと思っています。第３の理由として挙げたいのは、「話し方が劣化する」ということです。

生成ＡＩ依存は大量の「コミュ障」を生む

Q それはなぜ？

A ここまで伝え方のスキルとして、話し方、聞き方、書き方と順を追って、説明してきました。聞いていて、この３つには共通点が多いと思いませんでしたか。

例えば、「短く簡潔に」「結論から先に」「掴みを大切に」「相手の気持ちに寄り添って」といった具合です。

Q　それは聞いていて、感じていました。

A　だとすれば、もし書き方をおろそかにすると、それは話し方や聞き方にも影響を及ぼします。人は幼少の頃から、学校でも家庭でも、読み書きを同時並行で学びながら成長します。書くことは、話すことにつながっています。そこで書くスキルを生成ＡＩに依存したら、話し方はどうなりますか。

Q　おそらく話し言葉も論理性を欠くようになるかもしれません。

A　生成ＡＩの場合、伝えたい要素だけを入力すれば、文書にしてくれるわけですから、事実と事実の関連性を整理して、論理的に分かりやすく構成するという思考のプロセスを放棄することになります。これでは話し方はどんどんぎこちなくなっていくでしょう。

　そして重要なことは、書くことは生成ＡＩを頼れたとしても、話すことは、頼れない場面がほとんどだということです。

Q　聞いている相手は待ってくれない。

A その通りです。今の大人はそれでいいかもしれません。既にコミュニケーションの素地を身に付けたうえで生成ＡＩを使い始めるわけですから。

Q でも、子供たちはどうですか。これからの時代は、パソコンでもスマホでも気軽に生成ＡＩを使える環境が整います。今、世界のパソコンメーカーがいっせいに、生成ＡＩで文書を作成するための専用キーをキーボードに付けた「ＡＩパソコン」を発売しようとしています。

A そんなパソコンが普及すれば、もっと手軽に、生成AIを使おうとしますね。その先の未来がどうなっていくか。私はコミュニケーションに障害を持つ人が大量に増えるのではないかと危惧しています。つまり、聞かれてもその場でうまく説明できない。あるいは、言いたいことを断片的には伝えられても、ぎこちない。

Q 今でも、スマホやネットの過剰利用によって、適切なコミュニケーションがとれない人が増えています。仕事の現場でも問題になっていますね。

A　それがもっと広がるのではないでしょうか。想像してみてください。上司から「それどうなっている?」と報告を求められた部下がその場でうまく答えられずに「ちょっと待ってください」と言って生成AIに回答案を作成してもらってから、返答する。こんなコミュニケーションを続けられますか。

Q　いや、そんな部下はちょっと……ご勘弁いただきたい。

A　そうですよね。ビジネスは時間との戦いです。ホウレンソウ（報告・連絡・相談）は早いほどいい。こんな部下が周囲から評価されるとはとても思えません。生成AIの時代だからこそ、書く力が求められる。私がそう主張するのはこうした理由からです。

「伝える力」が人間の退化を防ぐ

Q　AIには光の部分と影の部分があると言いますが、それを自覚したうえで使わないと、大変なことになりますね。

A AIというのは、文章、画像、音声、映像、統計データなどをものすごいスピードで大量に収集して学習し、そこから最も適切と考えられる推論を導き出すことを得意としています。それは我々の生活を確実に便利に、そして楽にしてくれます。

例えば、テレビを例にとれば、その人の関心や視聴履歴に応じて、いろんな番組から一部分を切り取ってそれをつなぎ合わせ、1つの番組を作ることだって可能でしょう。好きなタレントが出ているシーンだけを切り取って編集することだってできます。

Q それは見たいと思う反面、そこまで行くとちょっと怖いですね。

A もちろん、データ収集やプライバシー、著作権などの問題がありますから、箇単ではないですが、技術的には可能なところまで来ています。

冷蔵庫だって、今の画像認識技術を使えば、中に入っている食材をチェックして、最適なレシピを推奨することはできます。いずれ賞味期限まで計算して、提案してくれるようになるだろうと予想されています。

Q ただその提案されたものを、自分が食べたいと思うかは別ですが。つまりAIに頼れば、どんどん人間は楽になるけれども、それは自分が頭で考えることを放棄していることでもある、ということですね。

A そうです。そして、いつの間にかAIが推奨したものを疑うことなく受け入れるようになってしまう。しかも生成AIは作成した画像や文書を大量にコピーしてばらまくことができます。そこから偽情報や誤情報が広がる恐れもあります。

Q 自分の頭で考える習慣を放棄していると、そうしたデマに引っかかってしまいます。

A よくAIの議論をする時に、シンギュラリティ（技術的特異点）という言葉が出てきます。これは、AIが人間の知性を超える転換点を指す概念です。一般的にはＡＩの性能がどんどん高まって人間に追い付くことをイメージするのですが、私はちょっと違うイメージを描いています。シンギュラリティが起こるとしたら、それはＡＩが進化すると同時に、人間が今よりも退化することで転換点に達するのではないでしょうか。

Q 人間が退化することでＡＩに追い抜かれてしまう。

A ですから、我々はコミュニケーション力を磨く努力を怠ってはいけません。話す、聞く、書くはあくまでもセットで1つの「伝える力」を構成します。生成ＡＩ時代が到来している今だからこそ、伝える力を高める必要があるのです。

おわりに

「山川さん、伝え方の本を書いてみませんか」。日経BPのかつての同僚に、そう言われた時には、戸惑いました。

書籍を出そうということで集まったミーティングの場でしたが、私は当然、テーマは世界経済や国際情勢になるものと考えていました。自分がキャスターを務める報道番組でいつも取り上げている題材だからです。正直なところ、具体的な腹案もいくつか抱えて、打ち合わせに臨んでいました。そこでまさかコミュニケーションというお題を出されるとは思ってもみませんでした。

しかし、よく考えてみると、それは意外と心引かれる提案でした。この本の中でも述べていますが、伝えるコンテンツとしてふさわしいのは、誰かの受け売りではなく、実体験に基づいたものです。確かに世界経済や国際情勢は、私が取材を重ね、たくさんの専門家から貴重な意見や情報を収集してきたテーマです。書くための素材はたくさんあります。しかし、それは必ずしも当事者として、体験したものとは言えません。

一方、伝えることは、私のライフワークそのものです。雑誌、新聞、ネット、テレビと様々な媒体を歩き、テレビに仕事の軸足を移してからは、キャスターと解説者という両方の立場を経験してきました。かれこれ30年あまり、少しでも多くの読者に読んでもらい、視聴者に見てもらうには、どんな発信の仕方が効果的なのか、理想形を追い求めてきました。

ここまで読み進めてもらった読者には、身も蓋もない話になりますが、伝えるという行為は本当に難しいですね。私がこの本を出すと知って、一番驚いたのが妻です。「えっ、あなたが伝え方？ 目の前の私の話も聞いていないのに」と笑われました。おっしゃる通りです。私は偉そうなことを言える立場ではありません。「はじめに」でも申し上げましたが、私は伝え方の達人でもなんでもありません。

いまだにできないことの連続で、壁にぶつかる毎日を続けています。ただ、そこで学んだ教訓は、同じような悩みを抱える人に、何らかの気づきを与えるのではないかと思い、筆をとりました。伝え方は、一生求められるスキルです。鍛え直すなら、早いほどいい。本書で紹介したことが、みなさまの伝える力を伸ばすための一助になれば幸いです。

最後に、本書を書くにあたって、私と根気よく会話を重ね、編集上のヒントを与えてくれた、日経ＢＰの編集者のみなさんとフリーライターの高橋満氏にお礼を申し上げます。また、これまでに貴重な機会を与えていただいた、上司や同僚、取材先のみなさまに、この場を借りて、お礼を申し上げます。みなさまとの出会いがなければ、この本は完成しませんでした。

私はこれからも伝え方の理想形を求めて格闘していきます。

二〇二四年二月　　山川龍雄

山川 龍雄
やまかわ・たつお

テレビ東京　解説委員
テレビ東京「ワールドビジネスサテライト（WBS）」解説キャスター
BSテレ東「日経ニュースプラス9」メインキャスター
BSテレ東「日経プラス9サタデー ニュースの疑問」メインキャスター

1965年10月熊本県荒尾市生まれ。89年京都大学経済学部卒業後、花王を経て、91年日経BP入社。物流雑誌「日経ロジスティクス」の編集に携わった後、95年「日経ビジネス」に異動。自動車、商社業界などを担当後、2004年～08年までニューヨーク支局長を務める。日経ビジネス副編集長、日本経済新聞証券部次長を経て、11年4月から日経ビジネス編集長。14年4月からテレビの報道番組に仕事の軸足を移し、現在に至る。

「話す・聞く・書く」伝え方のシン・常識
半分にして話そう

2024年3月18日　第1版第1刷発行

著　者	山川 龍雄
発行者	北方 雅人
編　集	高橋 満（ブリッジマン）　山中 浩之
発　行	株式会社日経BP
発　売	株式会社日経BPマーケティング
	〒105-8308　東京都港区虎ノ門4-3-12
帯・カバーイラスト	大嶋 奈都子
装幀・本文デザイン・DTP	中川 英祐（トリプルライン）
校　正	株式会社聚珍社
印刷・製本	図書印刷株式会社

本書籍に関するお問い合わせ、ご連絡は下記にて承ります。
https://nkbp.jp/booksQA

ISBN 978-4-296-20464-9